倫理資本主義の時代

マルクス・ガブリエル
Markus Gabriel

斎藤幸平 監修
土方奈美 訳

ハヤカワ新書 028

DOING GOOD

How Ethical Capitalism Can Save Liberal Democracy

by

Markus Gabriel

Japanese edition supervised by
Kohei Saito
Translated by
Nami Hijikata
First published 2024 in Japan by
Hayakawa Publishing, Inc.
This book is published originally in Japan with
arrangement directly with the author
through Tuttle-Mori Agency, Inc., Tokyo.

はじめに

私たちは先例のない危機の時代に生きている。新型コロナウイルスのパンデミックが世界を襲い、あちこちで戦争が勃発している。それを受けて多くの国々は急速な軍備増強に資金をつぎ込んでおり、それは新たな対立につながるだろう。世界が平和的に共存することは、ますます不可能になっているようだ。

国内的にも国際的にも経済格差が拡大している。異常気象や急激な自然環境の悪化というかたちで生態学的危機が表面化している。これらすべてが大規模な移民発生につながっており、政治的混乱を引き起こしている。一方、科学技術の進歩によって、人工知能（ＡＩ）システムを筆頭にデジタル技術が社会に浸透している。それは富と雇用を生み出すだけでなく、自動化による雇用喪失や、私たちをとりまく社会的世界のさらなる加速化を引き起こしている。社会の変化があまりに速くなっているため、メディア、政治、市民社会は世界全体で何が起きているのか、もはや把握できなくなっている。まるで誰もが夢遊病者のように世界的大惨事に向かってふらふらと歩いているようだ。

多くの危機はおよそ人間にはコントロールできないかのようで、近代という文明モデルは重圧にさらされている。このモデルは簡単にいうと、科学技術の進歩と経済的進歩を組み合わせれば、誰もがより良い生活を送ることができるという発想に基づいている。できるだけ多くの人のための富の創造と自由民主主義社会を組み合わせれば平和と幸福が訪れる、と。現状を見るかぎり、この約束は果たされていない。このモデルの巻き添え被害と欠点は、恩恵を上回る。だから今、多くの思想家、ビジョナリー、政治家らがまったく新しい発想を求めている。

私は本書で、現代の問題に対処するためには新たな社会契約が必要だと主張していく。私たちが身を置く危機の時代を乗り越えるには、まさに「新しい啓蒙」が必要なのだ。この新しい啓蒙は道徳的な人間の進歩を、モノやサービスの社会経済的生産手段と、さらには豊かさや繁栄と早急にリカップリング（再統合）しなければならないという考えを出発点とする。

企業の目的は善行である

とはいえ、これを成し遂げるために全面的な革命や社会の体制変更は必要ない。こと自由民主主義に関しては、革命は事態を悪化させるだけだ。むしろ私たちに必要なのは、善に関するまったく新しいビジョンを掲げ、社会のあらゆる部門で大胆なイノベーションを起こしていくことだ。この新たな善のビジョンは、現実的でありながら理想主義的で、実際の社会活動に即したものでありながらより良い未来を目指すものでなければならない。だから私たちは新たな秩序を生み出すため、今目の前に広がっている暗く気の滅入《めい》るような可能性の地平の先を考えていかなければならない。この新たな秩序は現状の良い部分を維持しつつ、それを進歩という発想に照らして改良しなければならない。ここで言う「進歩」とは前向きな社会的変化だ。そして前向きな変化は、万人が万人に拘束力のある善のビジョンを共有したときに初めて実現する。そのようなビジョンはまだ存在しないので、大至急生み出す必要がある。

現代社会において安定と良い生活の条件を生み出すうえで、経済は重要な役割を果たす。私は本書で、新しい啓蒙は私たちの頭と心で始まるだけでなく、経済においても実行できるものであると主張していく。この文脈において企業は、長期的かつ持続的な真の経済的成功のカギを握るのは善行であるという発想を、自らのビジネスモデルと行動の土台としなければならない。ノーベル賞経済学者のミルトン・フリードマンの「企業の目的は利益追求である」という有名なキャッチフレーズに背を向け、今こそギアチェンジするときだ。企業の目的は善行であり、また善行によって利益を得ることである、と。

この基本的論拠はとても単純だ。売り上げがほぼ同じ会社が二つあるとして、それぞれの社名を「悪」と「善」としよう。悪社の事業のやり方は環境に甚大な悪影響を及ぼし、株主や経営者は従業員を搾取し、有害な職場を生み出している。だが一見すると悪社は高収益企業で、経済的に大いに成功しているようだ。一般的な経済的基準に照らすと、善社は悪社と同じレベルだ。しかし優れたビジネスモデルと企業文化のおかげで従業員は健康で幸せであり、会社として拠点を置く都市の文化的、および全般的な人間の多様性に貢献している。エコロジカルなモノやサービスを生産し、株式の相当部分を同じように社会志向の会社に投資している。

それほどじっくり検討しなくても、たとえ両者の利益が同額でも善社のほうが悪社より良い会社だと誰もが考える。これは私たちが利益は善行によって、またお互いを尊重することによって生み出されるほうが好ましいと考えていることを示す、きわめてシンプルな思考実験だ。本書を通じて、イマヌエル・カントが「最高善」と呼んだ概念を使いながらこれを説明していく。最高善によると、人々が幸せになるのにふさわしいから幸せであるほうが、邪悪な行動によって幸せになるより好ましい。これは時代や文化を超えて見られる人間の基本的直観だ。それを、より良い制度をつくり、社会を改善していく基本的指針として使うことができる。オックスフォード大学のブラバトニック公共政策大学院およびサイード経営大学院の経営学名誉教授であるコリン・メイヤーは最近、そのような原理、彼の言葉でいえば

「道徳律」に基づいて資本主義を改革できると主張している。[1] 市場メカニズムによって人間の諸問題を解決するのに役立つ、というのが資本主義の約束だった。これは資本主義が機能しているか否かは、個人的および集団的道徳原理、倫理生活によって判断すべきであることを意味する。

「企業の目的は善行である」という私のスローガンは、倫理資本主義という提案につながる。それが単なる夢想ではないことは、最近の複数の事例からも明らかだ。

SNSの問題

ソーシャルネットワーク・サービス（SNS）産業は、ビジネスモデルとしてきわめて成功しているように見える。フェイスブック、ツイッター（現X）、ワッツアップ、スナップチャット、ティックトックなどのSNSは、これ以上望むべくもないほどの経済的成功を収めている。それと同時に、それぞれの会社がそれぞれのかたちで民主主義の大幅な後退を引き起こしている。極悪非道な国家や民間組織が陰謀論を拡散し、金を盗み、選挙を不正に操作し、スパイ活動を行うのに手を貸すことで間接的に近年の地政学的対立を引き起こしてきた。

しかし、そもそも彼らが圧倒的な経済的成功を収めたのは、倫理的ビジョンがあったためだ（典型がフェイスブック）。ＳＮＳは人と人を結びつけ、遠くの友人たちと連絡を取り合い、写真や情報を共有し、世界をより良い、より自由な場所にすることを約束していた。ただ、それが果たされていないことは、アラブの春をはじめ、ＳＮＳがなければ起こらなかったはずの急進的な社会変化の失敗を見れば明らかだ。インターネット時代の高度な、それでいてほぼ規制を受けない社会的接続性が何をもたらすかは予測不可能、制御不可能だ。ＳＮＳが自らの技術的・経済的手段を使って道徳的進歩と法的監視を実現する戦略を考えなければ、遅かれ早かれ終焉を迎えるだろう。

私は二〇一五年頃からフェイスブックとツイッターの終焉を予測していたが、実際には私が考えていたよりも早く実現した。フェイスブックは二〇二一年にメタに社名を変更した。内部告発者による情報漏洩や、社会および政治から厳しい目を向けられたことへの対応の一環だ。フェイスブックのかつての投資家の一人であるロジャー・マクナミーは創業者のマーク・ザッカーバーグの名前をもじり、「まずは社会が、続いてフェイスブックの社運がザックリやられた」と語った[2]。利益が落ち込み、雇用削減を迫られたメタは、ＡＩの開発に集中することにした。この方針転換によって株価は驚くべき上昇を見せたが、実際に倫理的洞察に基づいてＡＩを開発しなければ、その戦略も最終的に失敗し、消滅することは予想がつく。メタはフェイスブックの教訓を生かすか、さもなければフェイスブック・サービスと同様に消滅するしかない。

ツイッターのケースはさらに劇的だった。しばらく前からツイッターは進歩的思想、ジャーナリズム、ときには国家機関までが有益な情報を共有したり収集したりできるニュース・情報プラットフォームだという（誤った）認識が広まっていたが、ツイッターの知名度が高まったのはドナルド・トランプがメディアとして活用したからだという事実を忘れている人が多いのは驚きだ。ツイッターはフィルターバブル現象や確証バイアスを生み出すシステムの典型だ。ツイッターを使っているとニュースや現実と接しているような気になるが、実際には自分が生み出した現実、自分の社会的・政治的信念の幻影を見ているに過ぎない。

これをイーロン・マスクが運営するもう一つの有名企業テスラと比較してみよう。もちろんテスラは今、グローバルな競争に直面している。経済モデルが自動車産業に大きく依存している社会（ここには日本をはじめ、私の母国であるドイツ、そして最近主要プレイヤーの仲間入りを果たした韓国や中国も含まれる）は、より持続可能なモビリティを実現する新たな技術を生み出すというエコロジカルな責務にもとづいて行動する必要がある。テスラが電気自動車を魅力的にしただけでなく、技術的に成り立たせ、経済的に持続可能にしたことは、グローバルな経済的成功をもたらし、気候危機の解決にも貢献する可能性がある。

ここで、世の中に存在するすべての会社が、自らのビジネスモデルが引き起こす可能性のある巻き添え被害を吟味し、どうすれば消費者行動に好ましい影響を与え、それによって社会的変化を起こすことができるか研究するのに相当な資金を投資すると想像してみよう。それは収益を拡大させるだけでなく、より良い世界を生み出すはずだ。その最大の理由は、人間は自分自身と集団が幸福になることに強い関心を抱いているからだ。私たちはみな、富が善行によって生み出され、政治家や政治制度だけでなく企業のリーダーや技術世界のビジョナリーも世界を良くすることを目標にしていると信頼できる世界のほうが望ましいと思っている。

SNSがどのようにして民主主義の面でも経済的にも失敗したかという洞察は、より良いシステムを構築するうえで当然活用できる。たとえば新しいSNSを作ることもできるだろう。仮にその名をアゴラとしよう（古代ギリシャ語で「公共の場」「市場」を意味する言葉だ）。この新たなSNSは自己規制がしっかりしていて、ヘイトスピーチを監視して削除したり、ユーザーがマナーを守って投稿できるようネット上で（AIを使って）サポートしたりする。既存の報道機関と協力して質の高い情報を共有し、ユーザーが会社のためにデータを作成した場合は収益の一部を渡す。アゴラは国営企業ではなくあくまでも民間企業だが、その最大の目的はデジタルツールを使って民主的な公的領域の質を高めることだ。そのためには政治科学者、文化理論家、きちんと訓練を受けたジャーナリスト、倫理学者を採用し、ソフトウエア技術者とともに自社のデジタルインフラを開発し、常に更新していく役割を担わせる必要がある。現在のＳＮＳの失敗に関する研究を踏まえてアゴラを構築すれば、この暗黒の時代に道徳的進歩を実現することに確かな貢献ができるだろう。

必要なのは革命ではなく、大胆な改革

自由民主主義という文明のモデルと、そこにおいてモノ・サービス・インフラを生産し、できるだけ多くの人間と人間以外の生き物により良い生活の条件を整える手段としての市場経済は今日、内部からも外部からも攻撃を受けている。生き延びるためには、早急に当初の約束を果たさなければならない。そのためには一連の倫理的改革が必要だ。いずれもかなり思い切った改革だ。一方、人類は数々の存続の脅威、すなわち自滅につながりかねない重大な状況に直面している。核戦争、社会とインフラの至るところで解き放たれるスーパーインテリジェントなＡＩシステム、自由と文明を脅かすウイルスや細菌そして環境破壊による自滅などは、いずれも現実味のある可能性となった。人類をこうした脅威から守るためには前向きなビジョンが必要だ。なぜなら待ち受ける試練に直面して、恐怖で固まっている場合ではないからだ。そして逃げることも許されない。現実に人類が居住できる、地球に代わる惑星はないからだ。フランスの歌手、カミーユが名曲『火星はちっとも楽しくない（Mars is no Fun)』で歌っているとおりだ。

海にも行けない
水も足りない
窓も開けられない
小屋の外には空気もない
そんなことパンフレットには
書いてなかった
五年前に移住してからずっと
捕らわれの身
火星はちっとも楽しくない

今私たちが手にしているものの価値を語るカミーユの言葉に、私は強く同意する。

地球に戻りたい
そしてあなたと暮らしたい

私たちの公営住宅で
そして午後はずっとぶらぶらするの
ミルトン・ケインズの
ショッピングモールで
火星はちっとも楽しくない

意外なことだが、現行システムで取り組むべき最初の大胆な改革とは、その長所を認めることだ。資本主義、民主主義、さらには地球から逃げようとするのではなく、批判勢力がシステムのアキレス腱として正当に批判している条件を変える必要がある。言い方を変えれば、風呂水と一緒に赤ん坊まで捨ててはならないのだ。資本主義を改革し、生態学的危機、社会を蝕《むしば》むような格差、テクノロジーや戦争の脅威を解決しなければならない。だがそのためにはまず、過去二〇〇年の間に人類が実現したものの価値をしっかり認めることが必要だ。数百万人が極度の貧困を抜け出した。豊かな社会での生活はかつてなかったほど心地よい。これまでの産業革命の過ちや、その巻き添え被害として発生した地政学的悲劇や戦争について、道徳的に進歩的洞察を得ることもできる。今日資本主義が引き起こした生態学的弊害、労働者の搾取、その植民地的起源、ジェンダー格差をはじめとするさまざまな差別を批判できるのは、近代の文明化のおかげである。それを見限るのではなく、大胆な改革の機会をつかむべきだ。

それが具体的に何を意味するかといえば、企業には単に国家による外的規制を受け入れるだけでなく、国連が作成した「持続可能な開発目標（ＳＤＧｓ）」のような状態を達成できるように自らを律する責任があるということだ。そこには「貧困をなくそう」「ジェンダー平等を実現しよう」「働きがいも経済成長も」「平和と公正をすべての人に」、さらには「海の豊かさを守ろう」「陸の豊かさを守ろう」といった、人間以外の生物の命への配慮も含めた高尚な価値観や理想が含まれている[3]。

企業がガンを治療しようと努力するだけでなく（それはもちろん非常に望ましいことだが）、それに加えて自らジェンダー平等の実現や野生生物保護のための事業計画を立案する世界を想像してみよう。

少しばかりビジョナリーな取り組みの例として、飛行船を移動手段とするアイデアを挙げよう。私が多くの技術分野のビジョナリー、科学者、哲学者、最近では航空業界の経営層と議論してきたテーマだ。誰に聞いても飛行船による移動や観光は、現在のきわめて汚染度の高い航空機よりもサステナブルなだけではなく、スケール（規模拡大）可能で、原則的に収益性も非常に高くなるという。

同じことが観光産業についてもいえる。観光は、もっとサステナブルでローカルな余暇活動、ハードワークからの解放、自然とのふれあいや自らを豊かにする方向へと容易に変革できる。

もっと大胆な提言として、本書ではAIの新たな倫理についての考え方も示す。前向きな社会変革、ひいては道徳的進歩に寄与することを目的とする新たなAIシステムを開発すべきというのが私の提案だ。メッセージや情報の交換を増やすという上辺《うわべ》だけ中立的な価値観に基づき、実際には社会システムを崩壊させる既存のAIとは違うものをデザインすることは可能だ。異なる文化、社会領域の人間たちがどのようにモノを考え、行動し、生活するかを理解し、人類共通の何かを見つけるのに役立つAIシステムを研究し、開発することは可能である。業界の協力があれば、私たちの倫理的思考を改善する方法も見つけられるだろう。だがそのためには産業界を改革し、人文科学、社会科学、文化研究、そして何より哲学や倫理の専門家を招集して、企業活動のなかで善行によって社会を改善していく方法を見つける必要がある。

要するに私たちに必要なのは、イノベーションをトップダウンで規制したり、邪悪なプレイヤーや独占など社会的・政治的・経済的自由を損なうような有害な組織を抑制するなどして市場を制限することではない。現実の人間のニーズを満たし、道徳的に進歩した未来の社会の要請に適合するように、経済をボトムアップで規制するような新たな倫理を生み出し、現実の社会・経済的文脈のなかで実行していくことだ。

さらに本書では子どもへの投票権の付与を含めた、真に普遍的な選挙権についての思考実験を示すつもりだ。世界人権宣言によると、あらゆる人には自分が統治される方法に貢献する権利がある。つまり政府の正当性を支えるのは、普遍的で平等な選挙権だ。しかし一八歳あるいは一六歳未満はまだ大人ではなく、完全な合理性を身につけていないというパターナリズム的な子どもに対する理解の下《もと》で、どうしたら彼らを民主的代議制に含めることができるだろうか。まず若者を、それから子どもたちを、どうすれば社会経済的、政治的により良い未来の創造に本当の意味で参画させられるだろうか。人文科学と社会科学（もちろん心理学、政治科学、神経科学、地域文化の研究を含めて）の研究成果を組み合わせながら、子どもたちの選挙権を実現するための具体的ビジョンを策定する必要がある。そしてここにも企業にとって多くの機会があるはずだ。子どもの消費者行動や社会的世界は、モノやサービスの生産や消費に大人のそれと同じくらい大きな経済的影響を及ぼすのだから。

民主的な本

私は倫理資本主義というビジョンによって、自由民主主義を救うだけでなく、もっと良いものにしていきたいと本気で思っている。このため本書は一般読者の方々に、私の主張を理解していただけるように意識して書いた。わかりにくい哲学用語や技術用語は使わないようにした。ただ説得力のある主張を展開するには、私の規範的提案の基礎を成す理論を詳しく説明しなければならない。用語の意味を明確にして、考えをできるだけわかりやすく伝えていくつもりだ。私の主張を理解するのに大学の学位は必要ないし、哲学の専門知識も要らない。

新しい啓蒙という私のビジョンには、公的領域という概念が含まれている。政治的意思決定の中心に、誰もがその人ならではのローカルな知識を持ち寄るという考えだ。だから社会、政治、経済と密接にかかわり、できるだけ平易な言葉で語る新しいタイプの哲学が必要なのだ。そうすることで初めて、私たちは集団として思考の質を高めていくことができる。

ちなみに、本書はまず日本語で出版することにした。二〇一三年に初めて来日して以来、多くのヨーロッパ人、西洋人と同じように私は日本の伝統文化、現代文化のすばらしさに深い感銘を受けてきた。とりわけ日本が乗り越えてきたいくつもの近代化の波は、日本経済に世界有数の生産性をもたらした。日本の高い生産性と創造性はかねてから活発な倫理的思考を伴っており、私も二〇一八年からそうした対話に加わってきた。日本の多層的社会（東アジア地域特有のマインドセットという中核を、さまざまなレベルの近代化や西洋との統合や変容が包んでいる）のありようから多くを学んできたこともあり、まず日本の読者に向けて語ることにした。パンデミックの最中の複数回にわたるオンラインでの講演、そして直近の二〇二三年の来日時には、最先端の未来志向の思想に基づいて深く考え、大胆な改革を実行していきたいという強い意欲を日本のあらゆる階層に感じた。だからこそ日本のみなさんが、倫理資本主義が自由民主主義を救うという主張を説得力をもって語ろうとする本書の最初の読者となったのだ。

目次

第2部　倫理資本主義　77

訳注は〔　〕内に小さめの字で記した。

第1部

哲学者、経済を考える

第1章　「倫理」「資本主義」「社会」を定義する

本書は「倫理資本主義」という新たな概念を提唱する。経済的利益は道徳的に優れた行為の結果として得られる、またそうあるべきだという考え方だ。私たちが現在直面する複雑な社会的、経済的、政治的危機に対処するために、社会体制の変更や革命は必要ない。ただ、共通の目標を達成する方策にかかわる新たなビジョン、社会経済活動の指針となる「善」についての新たなビジョンは必要だ。つまり新たな価値観の地平、私たちが社会生活の意義を共有するためにともに追い求めるべき何かが必要なのだ。そのような方向性を提示すること、しかもこれから述べるさまざまな理想を実現するための具体的道筋まで示すことが本書の目的だ。

この新たな世界を皆さんと足並みをそろえて歩んでいくために、現状分析や倫理資本主義の基礎の説明に入る前に、まずは基本的概念をいくつか定義しておこう。とりわけ「倫理」と「資本主義」について、さらに「社会」について共通の理解を得ておく必要がある。それぞれを見ていこう。

「倫理」とは何か

倫理学は道徳的信念や道徳的事実を研究対象とする哲学の一分野だ。道徳的信念とは価値観である。何かをしようとしている人（行為主体）に、普遍的に共有できるルールに基づいて「何をすべきか」「何を避けるべきか」という問いへの答えを示す。わかりやすい例を挙げよう。あなたの目の前で、幼い子どもが浅いプールで溺《おぼ》れている[4]。あなたがプールに駆け寄り、溺れる子どもを助けるのを阻む要因は何もないとしよう。ただ、このときあなたは溺れている子どもを助けるか、キンキンに冷えたビールを飲むかという選択に直面している。子どもを助けていたらビールはぬるくなってしまう。

　こうした状況では（ほぼ）すべての人が何をすべきか瞬時に理解する。溺れる子どもを助けるのだ。溺れる子どもを助けなければと思うなら（あるいは助ける必要はないという誤った考えを抱くなら）、それはあなたに道徳的信念があるということだ。この信念は即座に行動に転換されるはずなので、子どもの命より冷たいビールを優先したってかまわないという誤った考えを持っている人でないかぎり子どもを助けるだろう。

　このような単純な例にかかわる道徳的信念は、たいてい正誤がはっきりしている。子どもを助けるのは正しく、ぬるいビールを飲みたくないから子どもが溺れるのを放っておいてもよいと考えるのは誤りだ。このように倫理には正誤があり、それは恣意《しい》的でも嗜好の問題でもない。倫理は個人の社会的、民族的、宗教的アイデンティティ、政治的選好、文化によって変わるものでもなく、民主的意思決定の対象ですらない。多数決で子どもを助けるべきではないという結果が出ても、やはり行為主体は子どもを救わなければならない。通常、倫理的問題を多数決で解決することはできない。

一般的に「事実」とは、意味のある質問に対する正しい答えだ。たとえば私は今、この文章をモントリオールで執筆している。誰かに「今、カナダにいるのか」と聞かれたら、このシンプルで意味のある問いへの正しい答えは「イエス」だ。したがって私が今カナダにいるというのは事実だ。事実には数学的事実、地理的事実、物理的事実、社会的事実、文化的事実など、さまざまな種類がある。なかでも道徳的事実は倫理学のターゲットシステム、探求の対象そのものだ。道徳は人間が「実際にどのように行動するか」と「どのように行動すべきか」にかかわる問題だ。人間の行動を分析する記述的側面と、本来とるべき行動をとっているかという規範的評価が組み合わさっている。

同じ状況に置かれた人は何をすべきか、あるいは何をすべきではないかにかかわるのが「道徳的」事実だ。溺れる子どもの例でいえば、子どもを救う能力がある者ならば誰もが子どもを救うべきであるというのが道徳的事実である。子どもが誰であるかは関係ない。救われる子どもも、子どもを救える人を誰に置き換えてもかまわない。それによって子どもを救うべきだという道徳的事実が変わることはない。こうした意味で倫理の要請は普遍的で、無条件に拘束力がある。人類共通の人間性にかかわる事実に基づいて、何をすべきか、すべきではないかを示している。

このシンプルな例の対象を広げ、人間の子どもを子犬に、あるいは人間に無害なヘビやミツバチに置き換えてもいい。自分の命を一切危険にさらさずに彼らの命を救えるのなら、そうすべきだ。倫理は人間という生物形態を前提としているが、だからといって人間の道徳的義務の対象が人間のみに限られるわけではない。他の生き物、人間以外の動物、未来の世界ではもしかすると人間が生み出す機械の一部(たとえば人工知能が動かすロボットなど)にも権利はある。反対にほかの生き物(まだ人類が遭遇していない知的な地球外生命体など)も人間に対して道徳的義務を負う。

溺れる子どもに関する今のシンプルな例は、山ほどある簡単に答えられる倫理的問題の一つだ。こうした簡単な問題を「明白な道徳的事実」と呼ぼう。明白な道徳的事実が存在するという事実そのものが普遍的な道徳観の存在、すなわち文化、宗教、民族、国籍、年齢、ジェンダー、政治的信条など人間を個別的、限定的集団に分断する要因を超越する価値観があることを示している。明白な道徳的事実は、人類共通の人間性が存在する証《あかし》だ。こうした理由から倫理学は、多少とも価値判断のできる者なら誰もが認めるべき権利（そして義務）という意味での人権の存在を支持する。

テロリストとの対話が不可能な理由

言うまでもなく、より倫理的な人間になる、倫理的に成長するというのは、単に明白な道徳的事実の存在を認めるよりも難しいことだ。私たちは人生において多種多様な経験を重ねるなかで、ときとして道徳的に難しい状況に置かれる。たとえば新型コロナウイルス感染症が引き起こした医療危機について考えてみよう。パンデミックの最中には、あらゆる社会的接触に倫理的問いがついてまわった。コロナに罹患《りかん》すれば命にかかわる祖母に会う前に、友人たちとレストランで会ってもよいだろうか。ワクチンに懐疑的な友人に接種を勧めるべきだろうか。政策立案者は国境、学校、レストランを閉鎖すべきかといったきわめて難しい倫理的問題に直面することもあった。

同じように、世界各地で新たな軍事対立が起こるたびに生じる危機や政変は、常に移民に関する難しい倫理的問題を突きつける。正当な戦争（自衛の権利）、生態学的危機のなかでの消費行動（「飛行機ではなく鉄道で移動すべきか？」）、ジェンダーに基づく役割分担など、倫理的な人間になるというのは他者と対話しながらこうした問いに答えようと努力することだ。

明白な解のない複雑な倫理的問題について対話をする場合、いくつかの明白な道徳的事実について参加者の合意があることが前提となる。（ハマスのような）残忍なテロリスト、（現在のロシア政府のような）侵略者、人種差別主義者、女性蔑視主義者らとは倫理的交渉が成立しない一因はここにある。あらゆる規範的対立（価値観の対立）に倫理的な解があるわけではない。人間が生まれ持った善性に頼らずに人々の行動を規制するために、強力で独立した法の支配、軍隊その他の政治制度が必要なのはこのためだ。

複雑な倫理的問題が生じるのは、一つの行動の結果を完全に明らかにするのはほぼ不可能だからだ。その原因は、私たちの行動が社会および自然の文脈に組み込まれており、そうした文脈の細部には常に一定の不透明さが付きまとうためだ。規範的評価には結果が重要だが、だからといって倫理は私たちの行動が他者や環境にもたらす結果だけを対象とするわけではない。倫理学は私たちの意図の形成、ひいては私たち個人と、私たちの行動の条件や社会や広範な自然に及ぼす影響の両方を対象とする。いわゆる義務論（倫理学の関心は主に意図の形成であるとする立場）と帰結主義（倫理的行動の結果や文脈に注目する立場）は、現実的な倫理学へと統合される必要がある。

「それぞれに正義がある」を超えて

もちろん倫理には社会の複雑性という問題以外にもさまざまな制約がある。代表的なのが、いわゆる道徳的ジレンマと呼ばれる問題だ。「道徳的ジレンマ」とは道徳的に正しい行いをしようとすると、どうしても誰かを傷つけることになり、結果として別の道徳的事実に背くことになるという難しい状況を指す。再びパンデミックの例に戻ると、あらゆる政策立案者はできるかぎり倫理に基づく法的空間をつくるため、互いに矛盾する道徳的事実のあいだで妥協点を見いださなければならなかった。パンデミックが引き起こした問題の解決策が純粋に倫理的なものではなく、政治的にならざるを得なかったのはこのためだ。

たとえば学校閉鎖の問題を考えてみよう。一方で、学校閉鎖はあらゆる年齢の児童・生徒の教育や社会的発達にマイナスだ。その一方で社会の機能そのものを守るためには、さまざまな方法でソーシャルディスタンスを確保して人と人との接触を減らす必要があった。つまりパンデミックから社会全体を守るために、人々（さらには多くの国で一時的に休業を求められた企業）に有害な対策が実施されたのだ。ただウイルスが消滅するまで何もかも閉めておくことも不可能だった。それでは害が大きすぎる。そこで政策立案者は道徳的ジレンマという状況下で困難な選択を迫られた。倫理的に完璧な解決策はなく、状況が差し迫っていたため調査を続ける時間もなかった。国民は代議制で選ばれた政治家を信頼するしかなかった。

なぜなら投票と統治システムを通じて、政治家に自分たちの意思を代弁し、ときには個人的に納得できないような政策でも採択する権限を与えたからだ。政治の役割の一つは、道徳的ジレンマの下で意思決定を下し、それによって理屈だけでは解決できない問題を解決することだ。

複雑な問題について人々が抱く道徳的信念にはバラツキがある。自由な民主主義の下では、国家や司法などの制度は異なる道徳的立場の存在をある程度尊重するようにデザインされている。誰かを傷つけたり深刻な危害を及ぼしたり、差別の対象にするのでないかぎり、道徳的意見の不一致は許容される。こうした理由から、正しい倫理が存在する可能性、複雑な道徳的問題や道徳的ジレンマにさえ客観的に正しい答えが見つかる可能性を否定するという過ちが起こりやすい。自分の倫理的価値観を他者に押しつけないことが民主主義的寛容さだという極論を支持する人も多い。

確かに道徳的および文化的差異を尊重すべきだというのも道徳的事実だが、このような寛容さや尊重には限度がある。それは明白な道徳的事実についての私たちの共通認識だ。社会のなかに特定の人々を抹殺あるいは重大な危害を加えるべきだと主張する集団がいたら、それを許容すべきだとは当然思わないだろう。このように意識的か否かは別として、私たちは客観的な道徳的事実の存在を信じている。それゆえに、ともに倫理的知識を発展させていくことにはみな興味があるはずなのだ。

こうした前提に基づいて、私は「道徳的進歩」を、それまで部分的に隠されてきた道徳的事実を社会全体が認識すること、と定義する。[5] 再びシンプルな例を使って、この概念をわかりやすく説明しよう。人類の近代史を振り返ると、奴隷制度は長い間多くの人にとって容認できるものだった。法的にも保護され、経済的利益の追求において重要な手段として使われていた。今日、私たちはそれが完全に不道徳なものであると正しく認識している。つまり今ではほとんどの人が奴隷制度を不道徳と考えているという点において、人類は道徳的進歩を遂げたのだ。ここで注目してほしいのは、奴隷制度はそれが行われていた当時も不道徳、というより邪悪なものであったという事実だ。奴隷となった人々に聞きさえすれば、それはわかったはずだ。不道徳な行為の被害者はたいてい（常にではないが）、道徳的事実を明らかにする力を持っている。だから民主主義社会における最近の道徳的進歩は、抗議活動や社会運動をはじめとするアクティビズムがもたらしている。たとえばスウェーデンのグレタ・トゥーンベリが立ち上げ、環境問題への人々の意識を高めた「フライデーズ・フォー・フューチャー」運動、ジェンダー差別や性暴力が依然横行しており、ジェンダーによる役割分担意識やそれに関連する社会経済的現実を早急に改革する必要性があることを広く世に知らしめた「ミー・トゥー（#MeToo）」運動などがその例だ。

道徳的進歩には対話が必要だ。誰もが自分とは違う道徳観や倫理観を持つ人々に耳を傾けなければならない。世代、宗教、文化、言語、社会階級、政治的党派などの壁を超えた対話や会話は、道徳的事実を発見するための重要な手段であり、道徳的進歩の推進力となる。

「資本主義」とは何か

続いて、本書が提示する価値体系の二つめの構成要素である「資本主義」に話を進めよう。一般的に「資本主義」は、経済の本質的特徴を表す言葉だ。経済の入門書や「資本主義」の伝統的な定義からは、資本主義の条件として次の三つが浮かび上がる。(6)

・生産手段の私有
・自由契約
・自由市場

一般的に生産手段とは特定の事業のインフラだ。伝統的には機械や建物といった工場のハードウエアを指していた。機械や工場の建物、さらには機械を使って新たな財を生産する労働者を雇う金融資本を持つ者は資本家だ。資本家は資本を再投資して利益を生み出すことができ（たとえば成功した会社を競合に売るなど）、それを元に新たなビジネスモデルなどを生み出すことができる。これは資本の蓄積と呼ばれる。こうして資本家の投資が物質的財やサービスの生産につながり、その結果経済は成長する。

自由契約とは、労働契約の詳細を一元的に交渉する中央機関や独立した第三者が存在しないことを指す。言うまでもなく、自由契約は国家の規制や干渉と共存できる。なぜなら国家は契約や労働者の権利、そして資本家が労働契約を交渉するための基本的な法的枠組みに従って従業員を採用または解雇する権利を保護するからだ。自由契約の対極にあるのが、封建主義や奴隷制度といったきわめて搾取的で不道徳な隷属的労働だ。

資本主義の定義の三つめの構成要素が、自由市場だ。一般的に市場は参加者に、交換したいモノについての価値判断を比較する場を提供する。私がリンゴを生産し、あなたがリンゴを買いたい消費者だとすると、私は自分のリンゴの価格を決めることで価値判断を下し、あなたはそれだけの値打ちがあるかという価値判断をする。市場に出されたモノの最終的に測定可能な価値を決定するメカニズムは、中央機関が計画したり規制したりするものではなく、その意味で自由だ。それはすべての市場参加者が示す多くの価値判断の比較から生まれる。

自由市場は価値判断を交換するプラットフォームとして剰余価値を生み出す。市場は単に（カール・マルクスとその信奉者が考えていたような）工場労働者が生産する有形財を交換するプラットフォームではない。古典的工場のような会社において労働者と交渉して労働力を購入し、生産に投資するというのは、重要ではあるが剰余価値を生み出す一つの方法に過ぎない。

一般的に「剰余価値生産」とは、次のような不可思議な人間の能力を指す。人間は何千年にもわたり、身の回りの自然（岩、石、樹木、河川、人間や人間以外の動物など）を変容させてきた。狩猟をし、道具をつくり、草花を育て、動物を家畜化し、それを基に複雑な文明をつくりはじめた。それを通じて身の回りの自然物の価値を変えた。自動車が部品の総額より高価なのは、価値を獲得したからだ。住宅には原材料を足し合わせたより大きな価値がある。コンピュータにソフトウエアを組み合わせるとコンピュータショップでハードウエアを買ったときより価値は高まる。原材料と人間の経済におけるその価値との差が剰余価値だ。ざっくりいうと、マルクスと今日のネオ・マルクス主義者は、剰余価値を生み出すのは人間の労働だと考える。自動車部品を足し合わせた価格と最終製品である自動車の価格の差は、人間の労働による付加価値だ。マルクス主義者は、資本主義者（基本的には労働者に生み出させた資本を投資・再投資する能力を持つ企業の所有者）は労働者が生み出した価値の一部しか（賃金というかたちで）彼らに還元しないので、労働者を搾取していると考えた。

ただ現代の知識社会、とりわけサービス産業やデジタル革命は、資本の蓄積という概念とその実態を大きく変えた。剰余価値は人間が自然を文化的産物に変えることで生まれるという事実は変わらないものの、すべての経済的剰余価値が人間の肉体労働から生まれるわけではない。人間が経済の基本的資源としてありのままの自然を使っていた時代は完全に過去のものとなったことに注目すべきだ。ありのままの素材（今日のインターネットやコンピュータテクノロジーに不可欠なレアアースも含む）に加えて、人間は文化をさらなる文化にも変える。たとえば芸術品の価格は芸術市場における投機によって上昇する。経済のうち知識など非物質的財やサービスが占める割合は相当なものだ。

今日、剰余価値生産の謎は限界効用理論を使って説明するのが一般的だ。これは現代の主流派経済学における重要な概念だ。この理論は、なぜダイヤモンドのほうが直接的効用の高い水よりも経済的価値が高い（そしてより高価である）のかという疑問に答えようとしている。主流派経済学は、それはダイヤモンドのほうが限界効用が大きいためだと説明する（だから「限界効用理論」と呼ばれる）。〔限界効用とは、ある財を追加で一単位消費することで得られる満足度のこと。通常、水は世界中に豊富に存在するため限界効用が小さい。それに対してダイヤモンドは希少であり限界効用が大きい。総効用の大きさではなく限界効用の大きさによって価格が決まるとするのが限界効用理論〕

これは経済理論のなかでもかなり専門的な概念だ。本書ではもっと一般的な概念を使おう。

それによって主流派経済学を超越するのにも役立つ。この一般的概念によると、剰余価値生産は人間の価値判断の副作用だ。一ドルで買える物品のなかで、私が新鮮なリンゴに最大の価値を見いだす場合、私は一ドルをリンゴと交換する。他の人が同じような状況でリンゴにどれだけの価値を見いだすか、またリンゴの供給量がどれくらいかなど、実際のリンゴの価格はたくさんの価値判断の結果となる。価値判断のなかには、リンゴの生産者や販売者による「消費者はリンゴにいくら払うか」という期待がある。価格が高すぎればリンゴは売れず、ライバルがもっと安く売ってしまうかもしれない。この結果、実際の競争と思惑の競争が起こる。このようにモノやサービスの実際の価格は、価値判断、期待、文化的慣行、人間の基本的ニーズによる複雑なシステムを表すことになる。

このように経済は人間の基本的な生存ニーズに根差しているが、基本的ニーズがおおよそ満たされた途端、それを超えていく。人間が、ダイヤモンドをはじめ直接役には立たないが、自らのより大きな願望を投影できるようなモノを作りはじめるのはこの段階だ。共産主義下の生活が退屈なのは、労働者を搾取から守り、より良い世界（人間がダイヤモンドや消費財などのために地球環境を破壊するようなモノを生み出さない世界）をつくろうと、より大きな願望が生まれるのを抑制するためだ。

しかし人間の経済の複雑化から生じる問題を解決するなら、もっと良い方法がある。それによって生活が退屈になることはなく、むしろ個々の消費者のニーズや魅力的なモノを大切にし、自由民主主義の活力や多様性に富む豊かさを増大させるような方法だ。重要なのは、自由市場の強みや、道徳ルールを守った競争から生まれる創造性を生かしつつ、善行から利益を得るにはどうすればよいかだ。

自由市場と国家

市場における交渉の成果として、より多くの経済的価値（金銭的価値などによって測定可能）が生まれる。それは交渉結果の表れだ。財やサービス自体に特定の経済的価値があるわけではなく、社会的交換という文脈のなかで価値を獲得する。今日あなたが一〇〇万円で買えるものは、明日買えるものとは違う。なぜならあらゆる価格は日々の社会的変化や交換によって常に変動しているからだ。

自由市場も国家による規制と対立する概念ではないことを、もう一度指摘しておこう。市場は法的に保護された境界のなかで機能し、たとえば特定の商品は市場での取引から除外される（奴隷制度の廃止、あるいは民主主義の下では自分の投票権を売ることはできないなど）。自由市場の対極にあるのは、国家などの中央機関がどんなモノをどんな目的で生産し、どの価格で売るかまで完全に決定するような計画経済（厳密な意味での共産主義など）だ。

資本主義と国家による規制は相容《あいい》れないものではない。むしろ今日の自由民主主義の社会政治制度においては、国が私有財産を保護し、合法的な市場取引についての法的および社会的ルールを提供するという意味において、両者は補完的だ。国家による規制を一切受けない完全に無秩序な資本主義システム(「自由放任《レッセフェール》」と呼ばれることもある)は支離滅裂なたわごとだ。そのような体制においては私有財産や契約を保護する法的枠組みもなく、それは経済の弱体化につながる。

「社会」とは何か

私たちの共通理解を必要とする、三つめの重要な用語が「社会」だ。私のいう社会とは、相手の存在に合わせて態度を調整する二人以上の行為者による取引の集合体として最大のものだ。この広義の社会はあらゆる取引の集合体だが、それを正しく計算することは誰にもできない。

これについてはもう少し解説が必要だろう。再び日常生活からわかりやすい例を引こう。あなたが都市の大通りを歩いているとする。たとえば東京でウィンドウ・ショッピングをしているとしよう。そこに向こうから見知らぬ他人が真っすぐこちらに歩いてくる。すると何が起こるか。ふつうならどちらの行為者も衝突を避けようとする。ときには二人とも衝突を避けようと同じ方向によけてしまい、にらめっこが続くといったおかしな状況になることもある。二人の主体はともにミクロ社会の創出、私のいう「社会的形成」を行ったのだ。そういう意味では誰かにメッセンジャーアプリ「ワッツアップ」でメッセージを送る、込み入ったビジネス交渉に参加する、新しいTシャツを買う、オンライン・ビデオゲームで遊ぶ、高速道路で車を運転するといった行為はいずれも社会的形成だ。こうした取引をすべて足し合わせ、まとまりのあるできるだけ大きな集合体をつくると、社会というレベルに到達する。

もちろん社会的形成の構造化された集合体として、もっと規模の小さいものもある。一番大きな社会という集合体は、より小さな集合体に分解して精査することができる。それぞれの構造化された集合体はさまざまな社会科学（社会学、政治科学、人類学、経済学など）の分析対象となり、そのおかげで私たちは複数の社会的形成、すなわち社会のより小さな構成要素がどのように結びつき、社会という、一番大きな集合体——誰も本当に俯瞰《ふかん》することはできない——ができあがっているかをより深く理解できる。あらゆる社会科学が力を合わせても、社会全体の完全な理論や全体像を示すことはできない。未来の状態が予測不可能な一因はここにある。

ここで、単一の、包括的な人間社会などというものは存在しないことを強調しておきたい。あらゆる社会的取引は他のすべての取引と結びついているわけではないし、すべての人間が直接的に（間接的にすら）他の人間に結びついていることもない。確かにデジタル時代の到来で結びつきは大幅に拡大したが、依然としてすべての人間による世界的社会なるものは存在しない。

経済的パラメーターが支配するのは、社会のほんの一部だ。社会全体と経済は重複するものの、決して同一ではない。資本主義体制下の経済は、社会生活の一部（きわめて重要な一部ではあるが）に過ぎない。それはより多くの価値（剰余価値）を生み出す手段である、財やサービスの生産と交換にかかわる領域だ。社会のどの部分が経済的パラメーターに支配されているかは、経済秩序によって異なる。資本主義においては時代によって、社会の異なる部分が経済活動に関与していた。高度に発達した資本主義産業社会はサービスとデジタル産業に移行し、科学技術を活用して無形の財やサービスを生産するようになる。

経済と社会は同一ではない

資本主義の特徴としてとりわけ重要なのが、私的領域の余地を残すことだ。なぜなら私的領域は買うこと、売ること、そして消費への新たな欲求を生み出す余地をつくるからだ。こうした欲求が資本主義の燃料になる。対照的に共産主義は、経済的検討の対象とならない社会領域がほぼ皆無になるほど、政治と経済の領域を融合させようとする。共産主義は資本主義ほど私的領域に関心がない。むしろ共産主義は中央による経済計画によって予測が立てやすいように、人々の私的欲求の複雑さを抑える必要がある。だが資本主義も共産主義も（敢えて両極を挙げるが）、社会と経済を一致させることはできない。両者は常に異なる。そして社会と経済はそれぞれ他のシステムに組み込まれる。たとえば自然のシステムだ。自然は社会経済活動をとりまく環境となる。人間という動物は自然の資源が提供される環境でしか剰余価値を生み出すことができないが、自然の資源のすべてが社会経済的評価の対象となるわけではない。自然のうちどの部分が経済の一部となるか自体が社会政治的議論の対象であり、それゆえに国家の規制対象となりうる。気候危機の時代に、この事実は経済活動においてより重要性を増している。

あらゆる経済は成長し、機能しつづけるために成長を必要とする。だからといってこれから見ていくとおり、資本主義が地球の限界を超えて成長し、地球を破壊するのが必然というわけではない。資本主義的な経済成長は、より多くの物質的資源を使用し、結果として地球の有限な資源を容赦なく消費し尽くすことと同義ではない。サービス経済や知識経済も経済の一部だ。ある会社の提供するサービス（私立学校あるいは私立大学の提供する教育サービスなど）には経済的価値（対価と潜在的利益）があるが、それに付随して地球の資源を直接消費するわけではない。もちろんこうした事業体の物理的インフラを維持するには資源の消費が欠かせないが、大学やインターネット企業をある種の工場のようにみなし、教育の剰余価値を隠れた物質的条件に還元してしまうのは誤りだ。

このように、経済が社会と完全に一致することは決してない。人間のすることすべてに対価があり、経済的価値判断の対象となるわけではない。そのうえ資本主義は、私たちの経済活動のすべてとイコールではない。私たちが「資本主義」と呼ぶものは、市場で価値判断を交換するためのかなり緩やかな条件の集合に過ぎない。私たちの経済的生活や現実はもっと複雑なものだ。そこには決して完全に商品化することのできない倫理的、法的、政治的、宗教的、美的価値観など、数多くの非資本主義的条件や価値判断が含まれている。

倫理資本主義という考え方

倫理資本主義とは、倫理と資本主義を融合させられるという考え方だ。道徳的に正しい行動から利益を得ることは可能であり、またそうすべきである。資本主義のプラットフォームは人間性を向上させるため、道徳的進歩を遂げるために活用できる。今日の資本主義がサクセスストーリーとしてこれほど広範に受け入れられるようになった要因の一つがここにある。歴史の発展とそれに伴う社会政治的闘争を経て、資本主義は途方もない科学技術的進歩をもたらし、そこから生じる剰余価値の一部は産業、政治、市民社会で好ましい用途に使われる。

国家が道徳的に優れたサービス（医療、機会均等、あるいは無償教育）を提供するためには税収が必要で、その税収は経済活動の副作用として生み出される。要するに、道徳的に正しいことをして利益を得る（倫理資本主義）のと、道徳的に正しいことをするために利益を得ることの両方が存在する。そして両方を組み合わせ、道徳的に正しい行動によって得た利益を使い、道徳的に正しい行動をすることもできる[7]。

このように資本主義社会は根本的に不公平、搾取的、貪欲、破壊的である（単にそう思われているというだけでなく）という理由で体制変更や革命を求めるのは誤りであり、危険な考えだ。まず認識すべきこととして、厳密な意味で資本主義社会などというものはあり得ない。資本主義は常に経済活動の（重要ではあるが）一つの側面に過ぎず、また経済活動もはるかに大きい社会の一部に過ぎない。近代において、資本主義はより大きな自由主義的構想、具体的には社会全体の決定権や支配権を社会生活の単一のレイヤーに委ねないという構想に組み込まれている。あらゆる取引が市場で商品化される資本主義社会があったとしたら、それは全体主義的な悪夢のような世界だろう。そこでは人権を売ったり、政治家を買収したりすることまでできるはずで、どこまでも腐敗した社会だからだ。幸い、私たちの社会はそのようなものとはかけ離れている。マルクス主義的およびネオ・マルクス主義的急進左派が私たちは資本主義社会に生きていると盛んに主張するという事実は、それが彼らのイデオロギーの一部だからだ。私は本書を通じて、彼らは社会に対して誤った概念、社会的現実への誤った認識を持っているだけだと主張していくつもりだ。

もちろん資本主義も私たちの社会も、完璧ではない。私たちは暗黒の時代に直面し、世界史上まれに見る途方もないスケールの悪の脅威にさらされ、さらなる道徳的進歩が切実に求められている。うまく機能している自由主義の民主主義社会は現在おおよそ平和な状況にあるものの、不当な格差、人種差別、女性差別、家庭内暴力、悪質な経済主体、悪しき経営モデルが生み出した生態学的危機などに起因する問題はあまりに多く、今日の倫理的発達段階で足を止めているわけにはいかない。このような社会問題は解決する必要がある。倫理資本主義とは道徳的進歩を経済の推進力にも変えていこうとする考え方だ。

本書の目的

本書ではこうした定義や概念に基づき、資本主義のインフラを使って道徳的に正しい行動から経済的利益を生み出し、社会を大きく改善することができる、またそうすべきだという主張を展開していく。道徳的に正しい行為によって利益を得ることは、手っ取り早く富や資本を蓄積するために恣意的で強欲な欲求に基づいて行動するより経済的サステナビリティが高く、最終的にはより大きな利益につながると私は固く信じている。これは産業界にはとりわけ大きな責任があることを意味する。しかもそれは規制強化を求めるというかたちで国家に丸投げすることのできない責任だ。産業界の倫理的な自己規制と、法律というかたちでの政治的規制は、車の両輪となるべきだ。

最後にシンプルな例を使い、イマヌエル・カントにならって私が「最高善[8]」と呼ぶ概念を説明しよう。あなたが生態系に悪影響を及ぼさずに天然資源を活用する新技術を開発し、現在のエネルギー問題（再生可能エネルギーの不足）を解決する新たなエネルギー会社を創設すると想像してみよう。核融合、あるいは宇宙にすでに存在するエネルギーを活用するまったく新しい方法でもいい。そんな技術を開発できれば、この気候危機の時代に人類が直面している重大な道徳的課題は解決するだろう。これは重要な道徳的善を生み出す。同時にそのような成功企業を生み出した資本家は途方もない富を手にする。

倫理資本主義は世間知らずのたわごとではない。邪悪なプレイヤーはこれまでも、これからも存在する。だから倫理的原則に基づく自己規制に加えて、国家主導の規制も常に必要だ。また、あらゆる経済的財や剰余価値の創造に道徳的意義があるわけではない。ただよく観察すれば、経済は全体として誰かが抱える問題を解決し、誰かの関心を満たす機能を果たしているため、経済活動には倫理的に検討すべき道徳的側面があることがわかるだろう。

エコ・ソーシャル・リベラリズム

本書では倫理資本主義という新しい概念を紹介するのに加えて、倫理資本主義を包含する倫理的・政治的な価値の枠組みを提唱する。私はそれを「エコ・ソーシャル・リベラリズム」と名づけた。その根幹を成すのは、社会政治的生活の目的は人間のみならず、人間が本来の親社会的哺乳類として存在するために共生・協調する必要のある他の生物や複雑系のためにも、さらに大きな社会的自由を実現することであるという思想だ。人間社会は自然と無関係に存在するのではなく、そこにおいて私たちが占める生態学的ニッチに深く統合されており、地球というシステムに常に影響を及ぼしている。

エコ・ソーシャル・リベラリズムはこれまでの政治的自由主義のいくつかの欠陥を修正するようにデザインされている。とりわけ社会は、純粋に経済モデルと科学技術の進歩のみによって発展できるとする、頭でっかちなテクノクラート的思想を否定する。自由主義的民主主義は切実に強固な価値基盤を必要としており、近代の倫理的基礎をしっかり認識し、さらに社会と自然の相互の結びつきを再認識する必要がある。人間の条件を理解することなくして、進歩は望めない。ただ事実を理論的に理解するだけでは不十分だ。私たちに必要なのは、経済生活を改善し、かのローマクラブ〔一九七〇年に発足した、地球の未来を研究する民間団体〕が一九七二年に発表した有名な報告書のタイトルのとおり、地球の「成長の限界」という条件の下で経済を成長させる新たな道筋を見つけるための価値観、現実的理由、知恵、そして文化だ(9)。

このように倫理資本主義という概念は、もっと大きな規範的ビジョン、すなわち二一世紀にできるだけ多くの人の生存条件を改善するために私たちが持つべき自己認識の一部なのだ。このもっと大きな規範的ビジョンというのがエコ・ソーシャル・リベラリズムである。ビジョンの実現に取り組むためには、倫理資本主義という生き方のなかで新たな協力方法を確立する必要がある。

第2章　入れ子構造の危機——現状の複雑性

現在の状況は、控えめにいっても複雑だ。未来を楽観するのは難しい。他の人々と共有できる、新しくも現実的な良い生き方のビジョンがどうしても必要な理由はここにある。世界は混乱し、人間の条件はひどいありさまだ。私たちは戦争やテロ、さらには気候変動、パンデミック、人類滅亡につながりかねない科学技術の進歩といった存亡リスクの登場に象徴される暗黒時代に生きている。

地球上のほぼすべての社会システムと自然システムが危機に陥っている。地政学と厳格な国境管理の復活、コロナ・パンデミック後の誰も想像しなかったような経済格差の拡大、ますます顕著になる人為的気候変動の影響とそれを緩和する能力の欠如、左右どちらを見ても独裁主義的（非自由主義的）選択肢しかない自由民主主義の危機、科学技術の進歩と自動化の進展に伴って確実に訪れるはずの雇用危機（キーワードはＡＩ）、人口動態的変化（社会の高齢化）、多くの産業国でのインフラ危機、テロと帝国主義、飢餓と極端な貧困等々。これだけ挙げれば十分だろう。目につくのは、こうした危機が重なり合って「ポリクライシス[10]

（複合危機）」と呼ばれる単一のシステムを形成しているという見立てだ。

しかし、このような見立てをするのには慎重であるべきだ。なぜならそれは気候変動のような多面的危機に、単一の原因や元凶があるかのように思わせるからだ。気候危機がその他すべての危機の根本原因だと考えるなら（あり得ない話ではないが）、その要素をすべての危機に見ることができる。たとえばまだ最近の出来事であるロシアのウクライナに対する侵略戦争は、確かに化石燃料を中心とする現代社会から、再生可能で最終的には循環型の、地球の限界を尊重した経済への移行というエネルギー問題と結びつく。ロシアの経済そのものが、ヨーロッパのグリーンエネルギーへの移行という脅威に直面する化石燃料業界に大きく依存していることから、この地政学的問題の一因はより大きな生態学的危機にある。

とはいうものの、残念ながら状況ははるかに込み入っている、というよりむしろ複雑だ。ロシアの侵略戦争には他にも多くの原因や理由が存在し、それらは複数の危機が絡み合う「危機のスパイラル」と結びついているからだ。じっくり分析すれば、気候変動がどれほど大きな脅威だとしても、ロシアのウクライナ攻撃の原因をそれだけに求めるのは不可能だとわかる。ロシアの侵略戦争には、民族的および宗教的アイデンティティ、何世紀にもわたる不公平と戦争の歴史、ロシア帝国主義の伝統、西側の地政学的利害、旧ソ連の崩壊、ロシア国内の経済格差などの問題がかかわっているためだ。

実際この章の冒頭に挙げた危機のどれをとっても、他のすべての危機の原因と見ることは可能だ。たとえば科学技術の進歩に焦点を当てれば、それが他のさまざまな領域に意図せざる影響と巻き添え被害を及ぼしている様子が見えてくる。科学技術の進歩さえ起こらなければ、インターネット、スマートフォン、さらには社会破壊型ネットワーク（フェイスブック、グーグル、アマゾン、ツイッター、ティックトックなど）はそもそも存在しなかった。こうしたイノベーションが現実世界の社会経済的文脈で使われるようになると、全体主義的統制、社会心理学者ショシャナ・ズボフのいう「監視資本主義」というかたちでの行動修正、反民主主義的な二極化、古典的な啓蒙型メディア（新聞など）のようなビジネスモデルの破壊といった現象につながる可能性がある。[11] また科学技術の進歩がなければ、そもそも私たちが人類の存亡を脅かす気候変動に直面することさえなかったはずだ。科学技術の進歩は内燃機関を生み出し、レアアースの使用、天然資源の採取産業、原子力発電などを可能にし、それがあらゆる面で産業資本主義が前近代的経済生活に勝利するための物質的条件を整えた。

資本主義が悪いのか？

要するに、私たちの直面する危機はいずれも複雑なのだ。それぞれが互いのなかに組み込まれる入れ子構造の危機となり、それがいまだかつて存在しなかった次元の社会経済的複雑性を生み出している。本書はこの複雑さと向き合い、真に複雑な問題にわかりやすい（「ポピュリスト的」な）解を示すことを目的としない社会経済的価値体系を示そうとしている。

もちろん入れ子構造の危機という複雑なシステムを目の当《ま》たりにすると、私たちが直面する多面的でグローバルな課題に対して「原因はこれだ」と決め打ちしたくなる。進歩的思考が習い性となっている人は、さまざまな問題の元凶を一つだけ特定せよと言われれば、反射的に筆頭候補として「資本主義」を挙げる。こうした見立てによると「資本主義」とは、量的成長には永遠に限界はないという見当違いのファンタジーに基づき、人類の破滅をもたらす現代の経済システム全体を指す。資本主義へのありふれた批判として、現代の経済活動とはあらゆるものの商品化、人間の搾取、そして人間以外の環境の搾取が複雑に絡み合ったものにほかならない、という主張がある。それが真実であれば、私たちは資本主義をやめるか（でも、どうやって？）、あるいはカール・マルクスが望んだように資本主義が内部の矛盾に耐えかねていずれ崩壊するのを期待するしかない。

本書の第2部では、こうした議論がすべて的外れであると主張していく。誰も資本主義に終止符を打つことなどできないし（たとえそれが望ましいと思っても）、資本主義が何らかの理由で勝手に終焉を迎えることもない。現在見られるさまざまな矛盾、歴史的闘争、社会的反目を足し合わせたところで弁証法には発展しない、つまりすべてに通底するなんらかの明白な、あるいは隠れた合理性によって動く歴史の推進力にはならない。要するに、人間の社会経済的発展には、物理法則に準じるような法則があるわけではない。人間の社会経済的活動は、歴史学的人文科学や社会科学が解明し、政策立案や政治的問題解決の根拠となるような特定の法則や規則に従うものではない。

人間はこれまでもこれからも、常に変わらずどこまでも自由であり、それゆえに予測不可能だと私は考える。この主張は非常に重要な意味を持つ。なぜなら、それは私たちが直面する問題や危機に単一の原因があるわけではないこと、そしてそうした危機がすべて集まって「ポリクライシス」などと呼ばれるような単一の危機を構成しているわけではないことを意味するからだ。そうではなく、私たちが直面しているのは私が「入れ子構造の危機」と呼んできた、社会的に複雑な危機の網の目である(12)。

「近代」の概念をアップデートする

二一世紀の問題解決の新たな道筋を見いだすためには、私たちの自己理解、ひいては近代という概念をアップデートする必要がある。私が目標とするのは、一つには人々が不自由な相互作用に互いに服従する状態からの、そしてもう一つには人間の生存と繁栄を左右するありのままの自然条件からの、人間の解放という近代の約束を守ることだ。

要するに、私たちは自由の拡大とそれに伴う経済システムの改革という「新しい啓蒙」を切実に必要としている。この文脈において私は倫理資本主義は実現可能だと主張したい。「倫理資本主義」とは道徳的に正しい行為によって利益を得ることができる、またそうすべきであるという考え方だ。この主張自体が経済的であるだけでなく、倫理的だ。倫理資本主義の下では、道徳的進歩はできるだけ多くの人々の生活条件を改善することを基本目標とする企業活動に転換される。

この議論の中心人物であるオックスフォード大学教授のコリン・メイヤーが「真の利益」という概念について的確に指摘しているとおり、利益とは限られた集団が短期的かつ物質的に得をすることではない[13]。真の利益とは、新たな問題解決方法を見つけることだ。それは当然、資本投下され、商品化され、大規模な物質的利益に変換される。そうした大規模な利益がなければ、そもそも有効な労働市場や近代的インフラも存在しない。私たちが直面するグローバルな問題の具体的解決策がどのようなものになるかにかかわらず、実行する際には物質的資源（必要な財源も含めて）が必要になる。こうした理由から、複雑な問題に対してより現実的な解決策を考えはじめるより先に、資本主義を過去のものにしようとするのは誤りであり、危険だ。

それと同時に、現実主義が重要だからといって未来志向の発想を忘れてはならない。資本主義が近々に終焉を迎えることはないという事実は、現状の悪しき側面をやむなく受け入れることと同義ではない。むしろその逆で、資本主義の本質を再考し、その力を理解し、これから見ていくように現実的でありながら未来志向の、かなり過激とさえいえるような改革を提案しなければならない。それを具体的にどう実行に移すかを左右する要因のひとつが民主的意思決定だ。なぜなら実行には新たな規制や法的枠組みが必要であり、自由な民主主義国家においてそれは同じ問題に異なる考えを持つ人々の妥協と交渉によってのみ生み出されるからだ。ただ、倫理資本主義に移行するために実施すべき改革は、多くの場合、共有された現実に依拠することが可能である。なかでも重要なものが人間の条件であり、それは人々がどれほど多くのアイデンティティに分断されていようとも究極的にはどこでも同じなのだ。

「自由」、そして「自律性」

本書の政治的立場はどこまでも自由主義的（リベラル）である。私は自由の大切さを信じている。もっと具体的に言えば、私は人間の自律性を信じている。人間の自律性とは、私たちは自己認識に従って生きることができる、という考え方だ。今の私たちを形づくっているのは「自分はこのような人間だ」という自己認識だ。自己認識はとても強力で、私たちの自由を抑圧し、支配し、影響を与え、操ろうとする者もその根っこの部分には触れることさえできない。せいぜい彼らの理想とする生き方に従うよう強制するぐらいだ。とはいえ、そのような抑圧や支配を長期にわたって維持するのは経済的に不可能であり、それは自由で民主的な法の支配と対立するさまざまな非自由主義体制（近代政治における極左と極右）のアキレス腱となってきた。

「自律性《autonomy》」という言葉は古代ギリシャ語に由来する。それは自らに法、すなわち共同生活の骨組みとなるような規範を与える、という意味だ。イマヌエル・カントが法的規制の本質に関する重要な考察のなかで指摘しているように、私たちがどのように共同生活を営むかは、私の自由がどこまでで、あなたの自由がどこから始まるかによって決まる[14]。

あなたが自由でなければ、私も自由にはなれない。自由であるとは、ともに自由になることだ。同じドイツの哲学者であるゲオルク・ヴィルヘルム・フリードリヒ・ヘーゲルも、自由であるとは「私たちである〈私〉であり、〈私〉である私たち」の一部となることだと語っている[15]。私が他者を抑圧や支配してその自由を制限すれば、自らの自由をも脅かすことになる。なぜなら他者は「自分がどのような人間になりたいか」という最も根本的な意思決定に私が干渉することを絶対に受け入れないので、私は彼らを私の意思に従わせるような抑圧のためのシステムをつくらなければならないからだ。だが既得権益に対して最低限中立であることが法の本質なので、そのようなシステムを法制化することは不可能だ。こうした理由から、あらゆる独裁主義国家は自らの法制度の独立性を弱めることになり、それは経済の不安定化につながる。

残念ながら、自由主義の伝統がもたらすこうした基本的洞察は、現状に希望を抱く根拠にはならない。人類は、そしてその自由は、さまざまな危機が複合化した入れ子構造の危機に陥っているからだ。

「封建制のくびき」と「ありのままの自然から課された制約」からの人間の解放という歴史運動としての近代主義（モダニティ）には、二つの起源がある。一つは、フランス革命に結実した政治革命だ。フランス革命のおかげで政治的自由主義の基本的理想が、社会政治的現実となった。自由、平等、連帯は近代の社会政治的解放の三本柱だ。

そしてもう一つ、近代主義は産業資本主義によって新たな経済的力を解き放った。以来、それは剰余価値生産の条件を提供しつづけた。この力なくして集権的権力やありのままの自然の破壊的サイクルからの人間の解放はどうにも成しえなかった。要するに、適切な経済システムと科学技術の進歩なくして自由、平等、連帯という近代の約束の実現は不可能なのだ。

社会的自由――自由は個人だけの問題ではない

ここからは自由の本質について重要な示唆が得られる。自由、すなわち人間の自律性は、単なる個人の問題ではない。実存主義の哲学者ジャン＝ポール・サルトルは有名な戯曲『出口なし』の登場人物ガルサンに「地獄とは他人のことだ[16]」と言わせたが、こんなふうに他者の存在によって残念ながら多少制約されることもある自由意志の行使として自由を限定的にとらえるべきではない。

自由の価値は、平等や連帯の価値と結びついている。私たちの行動が他者を少なくとも自分と同じくらい自由にしないかぎり、私たちは自由ではいられない。人間の自由はどこまでも社会的なものだ。この重要な事実のもっともシンプルな根拠は、人間がしたいと思うことのほとんどは他者と一緒でなければできないということだ。私が書かなければ、みなさんが本書を読むことはできない。信じられないほど複雑な協力システムがなければ、私が本書を流通させることはできない。この文章を印刷するための紙を作るには、まず誰かが木を伐り、それを原料に紙をつくり、そこに文章を印刷しなければならない。また紙に印刷するためのインクも製造してもらわなければならない。そのインクが体現する私の文章はコンピュータを使って書いたものだが、そのコンピュータの存在も製造と流通にかかわるさまざまな経済条件の大規模なネットワークに依拠している。みなさんが本書を紙の本で読むか電子書籍で読むかにかかわらず、その一ページ一ページを生み出すのに何千人という人々とその人生がかかわっている。

もちろん、あらゆる形態の社会的依存が社会的自由につながるわけではない。私が言わんとしているのは、社会的依存関係を構築する際には、常にあらゆる参加者をより自由にするという倫理的発想を持つべきだということだ。今日、先進工業国で暮らす人々がより自由になるために使っている多くの商品（スマートフォン、コンピュータなど）は、搾取をアウトソースすることで生産されている（コンゴでのコバルト採掘をイメージするといい）。つまり一部の商品の消費や生産は、他の人々の自由をある程度制約するような状況と結びついている。だからサプライチェーンにかかわる人々の労働条件を改善することは、私たち自身の利益になる。そうしなければ私たちの社会的自由を増やす代償として、他の誰かの社会的自由が減るからだ。そんな代償を支払うことを容認してはならない。

現在「グローバル・サウス」と呼ばれる地域で多くの人々が不公平な状況に抗議し、経済価値を世界全体でより公平に分配するよう求めているのには正当な理由がある。これはグローバリゼーションに反対する主張ではない。むしろ倫理資本主義の手法によって社会的自由を世界的に増大させるため、サプライチェーンを構築・再構築する必要があるという観点からグローバリゼーションを支持する見解だ[17]。

同じことが、あなたや私の人生におけるほぼすべての活動についても言える。人間の生殖にかかわるもの（少なくとも二人の人間が関与する必要がある）から、楽しみにしている余暇活動（スポーツ、オンラインゲーム、ソーシャルネットワーク、動画鑑賞、ショッピング、美術館や旅行に行くことなど）、さらには人類と他のすべての既知の生き物との決定的な違いである高度な知的活動（科学、哲学、絵画や抽象芸術の創作、技術工学、政治、人工知能、宗教儀式、日本料理など）まで、すべてそうだ。

このように人間の自由な活動は実質的にすべて「社会的自由」の行使といえる。社会的自由とは、他者の手を借りることで初めて実現する自由だ。個々の行動はネットワークのノードであり、それゆえにシステムの一部だ。「システム」とは構成要素が特定の方法で互いに結びついているものだ。社会システムはたくさんあり、それぞれがさまざまな種類やレベルの社会的形成に分けられる（家族、スポーツクラブ、政府、企業、労働組合、地下鉄に乗り合わせること、チェストーナメント、大学、小学校など）。

自由という価値は個人にかかわるものであり、また個人を形成する。しかし個人は、自らが属する社会的形成が選択の余地を提供しないかぎり自由にはなれない。私たちが近代の自由社会を評価するのは、常に社会的形成の一部である個人により多くの選択肢を生み出すからだ。自由はほぼすべてが社会的自由である。私たちが誰もいないところで単独で行う活動の多くも、間接的に社会的なものだ。たとえば多くの活動（瞑想など）が一人きりで行われる仏教の僧院の複雑な社会システム、あるいはもっと身近な、国立公園でただ一人散歩をするといった活動を考えてみよう。一人で行う活動の意義は他者から学ぶ。社会的形成から意味が生じるのではない、純粋に自然的で個人的な活動というものはほぼ存在しない。

物質的成長の限界

とはいえ、社会的自由の進歩に向けた物質的手段を提供する近代の経済システムは、さまざまな限界に行きあたっているようだ。今日資本主義を批判する専門家の多く(日本では斎藤幸平氏が特に有名だ)が指摘するとおり、物質的成長には人間以外の自然の生産条件に基づく限界がある[18]。彼らはたいていカール・マルクスを引き合いに出しながら、資本主義の終焉は近い、今回その原因は何らかの歴史のメカニズムではなく、自然そのものが資本主義には超えられない限界を設定しているからだ、と主張する。資本主義は経済の成長や人口の増加は際限なく可能であるという危険な自己破壊的妄想の上に成り立っており、創造、破壊、再生というサイクルが持続不可能になるまで地球上のあらゆる物質資源を消費し尽くすと想定する。こうした理由から彼らの多くは体制変更を要求するものの、人為的気候変動に起因する人類の存続にかかわる脅威など、私たちが直面する現実の問題を解決するために経済をどう再構築するかという具体的道筋は示さない。

もちろん近代資本主義が生み出した巻き添え被害、経済用語でいう「負の外部性」は気候変動だけではない（合理的に考えれば優先度が高いのは確かだが）。地球という境界のなかで人間の社会的自由を制約するのは自然だけではない。人間の解放のもう一つの側面、すなわち科学技術も良からぬ副作用と新たなリスクを生み出してきた。最たる例の一つが核による人類滅亡の恒常的リスク、もう一つが人工知能（ＡＩ）の台頭だ。現在のところＡＩにかかわるリスクが具体的にどのようなものかさえ本当のところはわからない。だがその破壊的力はすでに社会に影響を与えている。特定の社会的形成にＡＩを使うことで、社会経済的および政治的に先例のないような連鎖反応が起きるだろう（ＣｈａｔＧＰＴのような大規模言語モデルが教育に及ぼす新たなリスク、より安価で効率的なオートメーションによって多くの雇用が失われて失業の波が一気に押し寄せることを想像してほしい）。

本書の第２部では、近代資本主義を根本から批判することは大きな誤りだと主張していく。なぜなら資本主義は正確にいうとシステムではなく、近代の経済活動の一側面に過ぎないからだ。この側面は、人類の生存にかかわる問題に対して創造的で効果的な解決策を生み出すための、緩やかに結びついたさまざまな条件で構成されている。入れ子構造の危機に直面する私たちの時代のさまざまな不確実性や複雑性への正しい対応は、体制変更や革命ではなく、さまざまな改革を高度に組み合わせていくことだ。こうした改革のなかにはかなり先見的で、それゆえに過激なものもある。なにより重要なのは自由・平等・連帯という壊れそうな近代の支柱を二一世紀に合わせて再構築するために、人間の経済活動について一貫性のある新たな理解を生み出すことだ。

本書を貫くのは、一つの価値判断だ。私は自由を信奉している。人間の自律性を表す自由こそ、民主主義のこれまでの歩みが（とても不安定なものではあるが）サクセスストーリーだった理由だと私は思う。このため民主主義の価値を、その技術的側面や形式的なガバナンスの方法（議会の存在、定期的な選挙、多数決など）に矮小化すべきではない。こうしたガバナンスの手法の価値は、それが自由に資するものであること、つまり自由主義と結びついていることにある。法の支配を評価すべき理由もここにある。社会が政治的・経済的圧力から ほぼ独立した司法制度を設け、裁判官を置いたほうが、私たちはお互いとの関係において自由になる。当然ながら司法制度が政治や経済の領域から完全に独立することはあり得ない。なぜなら司法制度の目的は、個人や社会的形成のあいだに絶え間ない対立、意見の相違、大きく異なる利害が存在する状況のなかで、権利を守り、憲法を守り、経済的繁栄を実現することだからだ。人間が自由であるかぎり、対立は生まれる。直面する問題に応じて、あるべき社会的自由の度合いを模索するからだ。法律は共通の人間性というシンプルな根拠に基づき、個人の自由には限界があり、私たちは互いに責任を負っていることを万人に示すことで、政治家、上司、隣人、敵などの恣意的な気まぐれから私たちを守ってくれる。それと同時に政治的意思決定や経済的力によって、裁判官の恣意的な気まぐれも制限する必要がある。裁判官は特定の政治秩序の下で任命され、報酬を受けるが、それと同時に司法の平等という理想を遵守するためこうした外部要因から十分な独立性が保証されている必要がある。

加速化の時代における多くの緊急課題のなかでも、近代の自由で民主的な法の支配とそれに付随するさまざまな社会経済システムの価値的インフラを見直し、守ることはとりわけ急務といえる。ここで私が「さまざまな社会経済システム」と複数形を使ったことに注目してほしい。それは資本主義といった単一の統合的経済システムが存在するわけではなく、複数の社会経済システムが存在するためだ。民主主義の価値的インフラを刷新し、守るためには、社会経済領域の新たな理解が必要だ。それが二一世紀の社会経済および政治の複雑性に立ち向かうための制度の修正や改革、あるいは新たな制度の創出に向けた具体的提案の土台となる。

新自由主義に与せずに、資本主義を防衛する

本書ではまず資本主義の問題と正面から向き合い、自由な剰余価値生産の一つの方法としての資本主義を擁護していく。とはいえ市場には自己調節機能が働くため、他の価値領域（特に国家、市民社会、あるいは市民の道徳的要求）からの自律性さえ確保すれば繁栄の恩

恵を享受できる、といった依然として根強い新自由主義的（というより自由至上主義的《リバタリアン》）な資本主義のとらえ方に与《くみ》するつもりは毛頭ない。市場の自由とは、正確には規制の不在を意味するものではない。個人の自由も突き詰めれば社会的自由であるように、自由市場もそれ自体が目的ではない。

市場化と商品化には限界がある。たとえば人間を商品にしてはいけないことは誰もが認める。児童労働や奴隷制度が禁じられているのはこのためだ。自分の人権、あるいは民主主義においては投票権を売り物にしてはいけないこともまた万人が認める。臓器売買、売春、薬物取引をはじめ、明らかに違法あるいは道徳に反するものの取引にも制限がある。

さらに、市場での相互作用を通じて決定される経済的価値とは、常に人間の価値判断の表明であると主張していく。価値判断は私たちの最も深いコミットメントを表し、単に物々交換における物質的関心のみを示すものでは決してない。言葉を換えれば、市場が人間の産物であり活動であるかぎり、私たちはそこに道徳的行為主体として、つまり社会的自由の観点から考慮しなければならない要素である他者の立場を理解する能力を持った行為主体として参加する。

市場は必ずしも倫理や道徳と矛盾しない。むしろその逆で、近代資本主義の可能性と成功は、大規模な人間の進歩に寄与することにある。資本主義が剰余価値生産の方法として正当化され、容認されているのは、それがたとえば医薬品（直近のパンデミックで最も効果的なワクチンを生み出したのは厳格な資本主義下の民間企業であり、それが国家を含む社会のさまざまなセクターの協力によって分配された）、食料品、消費財の製造や雇用の創出といった、私たちの直面する最も重要な諸問題のいくつかを解決するからだ。経済的成功によって裕福になりすぎた人間で地球が過密状態になっているという事実そのものが、サクセスストーリーといえる。

いまや資本主義が人間に地球の限界を超える成長を強いている、という考えは幻想であり、人類の存亡にかかわる問題を解決する最善の方法は新たな剰余価値生産の方法を見つけることだという事実を無視している。

金融市場、通貨、さらなる技術進歩などの経済条件を測る抽象的方法なくして高度な分業は成立せず、それなくして二一世紀の問題はひとつも解決されないだろう（当然そこには重大な気候危機も含まれる）。このようなきわめて複雑な社会経済状況は、どんな中央集権計画をもってしても手に負えるものではなく、ましてや何らかの世界的な統治機構が科学者や経済学者の助けを借りながら管理できるものではない。国家主導の技術者や経済学者による支配が、社会の抱える問題に対する最適解であったためしはない。とはいえ、戦時中などそれが必要になった時代もあり、資本主義の批判勢力のなかには世界的課題を解決するために継続的な戦時経済体制を求める声もある[19]。

「共生」という思想

新自由主義に偏った資本主義を極端な過剰規制や政治による中央集権的計画などに置き換えるのではなく、近代の約束を見直し、改革することが可能だと私は信じている。そこに到達するために「倫理資本主義」を提唱する。高い倫理的目標としての道徳的善は、常に人間にとって良いことであり、ともに地球に生きるものとして結びついている他の生物および非生物システムにも良いことだ。こうした観点から、本書全体を通して近年日本や中国の思想家が主導している「人間の共生」にかかわる最近の議論に言及していくつもりだ[20]。「共生」はギリシャ語の「symbiosis」と同義であり、私たちが親社会的哺乳類であり、生態系の大規模な協力システムに組み込まれた協力する動物であるという事実を思い起こさせる。人間社会は人間だけにとどまらず、他の生物を含んでいる。そうした生物が存在しなければ、人間は個体として生きていくことさえできない。私たちの身体にはありとあらゆる微生物が生息し、それらによって維持されている。私たちは大気が特定の生化学的組成であることによって生かされており、植物や目に見えないシステムが大気を生み出し、再生してくれなければ呼吸さえかなわない。ここで重要なのは一部の環境過激派の主張に反して、人間は人間以外の生物にとってリスクであるだけではないという事実だ。人間の文化（人間以外の自然を耕作したり変容させたりすること）がなければ、地球の姿はまったく違ったものになっていただろう。私たちは地球を汚染するだけでなく、きれいにもする。他の生物を絶滅に追い込むだけでなく、ホモ・サピエンスと他の生物が共生してきた途方もない期間にわたり彼らを保護し、新たな生物を生み出すことさえしてきた。近代資本主義と深く結びついた税制と教育に関するビジネスモデルによって賄《まかな》われた科学技術の進歩のおかげで、私たちはこうした事実を認識できるようになった。認識した事実に人間の文化を上手に適応させていけるのか、すべてはそこにかかっている。

資本主義の柔軟性

倫理資本主義とは、資本主義の社会経済インフラが道徳的進歩への寄与度という観点から評価されるように、剰余価値生産という社会経済活動を倫理的にアップデートする必要があるという考えだ。原則的には資本主義のアウトプットを倫理的観点から評価することはすでに可能であり、それはまさしく近代の産業資本主義が誕生して以来、巻き添え被害的に生み出してきた生態学的および社会的欠点を補うようなアップデートが必要であることを示している。資本主義が道徳的進歩に寄与してきた例は枚挙にいとまがない。ジェンダー、人種、経済的不平等、健康、生態学的問題への気づき、化石燃料主導の近代化からクリーンエネルギーへの移行、政治的自由といった近代的進歩は、すべて資本主義的な剰余価値生産の枠組みのなかで起きてきた。確かに現実世界におけるライバル勢（厳格な意味での共産主義国）も、資本主義に異議を唱えることで人間の解放に寄与してきた。しかし資本主義の柔軟性はソリューションスペース（解決策を探る場）を広げ、消費者の自由を尊重するようなビジネスモデルに道徳的進歩を統合するという点において、あらゆるタイプの中央計画経済よりも優れている。

このような近代の成果は、すべて資本主義がもたらしたものだと主張するつもりはない。しかし資本主義なくして、封建主義やその独占的土地所有に基づく経済からの人間の解放という近代のうねりは生まれなかったはずだ。このように資本主義の歴史的対抗馬として、その対極に位置づけるべきは社会主義、共産主義などの中央計画経済ではなく封建主義なのだ。労働の商品化は封建的支配からの人間の解放に寄与した。産業資本主義に後押しされてさまざまな社会動乱、社会運動、革命が起こらなければ、人類と道徳の進歩は起こらなかったはずだ。それゆえに私は近代の二つの側面を一つの推進力に統合することを提案するのだ。すなわち道徳的進歩を剰余価値生産の基礎とする、あるいは経済学者のデニス・スノワーの表現を借りれば両者をリカップリングするのだ[21]。

道徳的進歩は幸福の増大という正当な要求から生まれる。たとえば経済格差の問題でいえば、格差を正当化できるのはそれが原則的に社会のすべてのメンバーに等しく開かれた地位や職務から生じていて、政治的自由主義を代表する思想家であるジョン・ロールズの言葉を借りると「社会の最も不遇な人々の最大の便益に資する」場合だけだ[22]。

経済格差の大幅な拡大が人間の不幸という巻き添え被害を伴うなら、それは正当化できるものではなく、起こるべきではない。だから公害の外部化、低賃金労働、植民地主義、女性や子どもの搾取、環境破壊を伴うレアアースなどの資源採掘といった行為に起因する経済格差に人々が不満を抱くのは当然のことだ。ただ、問題はグローバリゼーションや分業そのものではなく、経済格差が人間の（そして人間以外の動物の）不幸をもとに生じているケースが多いことだ。再分配、収用、独占禁止法、規制、課税などは、少数の富裕層に資本が集中しすぎることに人々が抱く当然の疑念の表れだ。世界中で民主主義の基準を危うくしている新手の金権政治や寡頭政治は、封建主義的状況への退行であり、資本主義の枠組みを外れていると私は思う。問題は新自由主義に基づく改革が、金権政治と経済的寡頭体制という新たな封建体制を生み出したこと、それらは資本主義と相容れないという事実だ。やや挑発的な言い方をすれば、新自由主義には資本主義らしさが足りないのだ。

人間の解放

倫理資本主義は、剰余価値生産の成功の尺度に、自由主義的な法の支配という基本的な評価の枠組みを反映させることを求める。ここにはその時点で最も高い倫理基準への徹底的なコミットメントが含まれている。こうした基準を企業の経済活動に対して、外部などから押し付けることはできないし、また押し付けてはならないと強調しておきたい。私が言わんとしているのは、「邪悪」で「自己中心的」な生産手段の所有者（「資本家」）の利潤追求に制限をかけるために、国家や有権者の立場を代弁するような倫理当局が必要だということではない。自由市場社会において人間の自律性が発揮され、繁栄に貢献できるのは、企業の目的がミルトン・フリードマンの言うような利益拡大ではなく人間の解放であり、市場での競争と協力という優れた仕組みによって問題を解決することである場合だけだ、というのが私の主張である[23]。企業内の自己規制と国家機関や司法制度による法的規制を車の両輪として、短期的利益のために他人を犠牲にし、倫理的ビジネスモデルの足を引っ張るような強欲で不届きな行為者に倫理資本主義が乗っ取られないようにする必要がある。

私が「倫理資本主義」という言葉を使うのは近代の市場社会の良い部分、人間を解放する部分などさまざまな成果を強調するため、そして資本主義は植民地主義的、搾取的、収奪的、破壊的、反自然だとして全面的に拒絶する昨今の風潮によって、私たちに資本主義の欠陥を修復するためには経済システムを抜本的に改革しなければならないという思い込みが生じるのを防ぐためだ。システムを変更する必要はなく、人間の解放という近代の約束を大幅にアップデートするだけでいい。それだけでも十分、大変な挑戦だ。

それを達成するには、経済活動についての考え方に道徳的進歩を織り込み、事業活動を再構築しなければならない。経済活動の目的は道徳的進歩に貢献し、それによって個人や家族から社会経済的取引の最大の総和（すなわち社会）に至るまで、社会のあらゆる階層で人間の幸福に貢献することだ。

未来を構想する――最高哲学責任者、子ども、AI

倫理資本主義は実現可能であり、そのうえかのアダム・スミスをはじめとする資本主義の創始者らの考えとも一致するという基本認識に基づいて、本書の第3部では道徳的進歩の未来シナリオを検討する。こうした未来シナリオは倫理資本主義の概念を超え、善についての新たなビジョンの一部を成す。この新たなビジョンを私は「エコ・ソーシャル・リベラリズム」と名づけた。

エコ・ソーシャル・リベラリズムは、経済活動をすべて網羅するような単一の経済システム（それが封建主義、資本主義、ついでにいえば共産主義でもかまわない）が存在するという誤った認識を克服する。ブランコ・ミラノヴィッチの「資本主義だけ」が世界を制するという分析は、一部しか正しくない。というのも資本主義はシステムではなく、クリエイティビティを生み出し、イノベーションを促し、適度に未来的で進歩的な投資に報酬を与えることで大胆な社会変革をもたらすアナーキー（無秩序）の一形態だからだ[24]。シリコンバレーが世界有数の大富豪を生み出すことができた一因はここにある。マーク・ザッカーバーグ、ジェフ・ベゾス、そして特にイーロン・マスクは、未来志向のシナリオを道徳的に敏感な消費者という文脈で実現しようとしたことで、とほうもない資本と富を生み出すことができた。彼らは急成長するスタートアップの段階で、道徳的進歩につながる可能性のあるアイデア（インターネットを社会的結合のプラットフォームにする、かつてなかったほどのスケールでモノを届ける新しいオンライン市場の創出、eモビリティを生み出す）を思いついた。もちろん彼らのビジネスモデルは（控えめにいっても）重大な巻き添え被害をすでに引き起こしている。社会経済的構造の核となる新たなエコ・ソーシャルな推進力を生み出す必要があると私が主張するのはまさにこのためだ。

こうした観点から、重要な改革のための具体的提案をしたうえで、いくつか思考実験を行う。具体的提案とは、すべての会社に倫理部門の設置を義務づけるというものだ。倫理部門を率いるのは最高哲学責任者（CPO）で、その職責は人文科学や社会科学などから学際的に人材を集め、事業に関して道徳的進歩につながるような意見を出したり、企業文化そのものが未来志向の社会的協業に適した最先端の状態にあるか確認したりすることだ。倫理部門は会社の組織として税務部門と同じように尊重され、重視される。その目的は会社の真の利益に貢献するとともに、重要な意思決定の一翼を担うことだ。単に会社の経済活動を規制したり制限したりするのではない。むしろその逆で、「真の利益」(本書の第2部でコリン・メイヤーの最近の研究を引きながら説明する)の実現に貢献するのだ。

続いて民主主義、あるいは経済と切っても切れない集団的ガバナンス全般にかかわる思考実験を行う。経済は常に社会に組み込まれており、その人間社会はより大きなシステム(地球のような、さまざまなシステムの組み合わさった複合的システム)に組み込まれている。私たちに必要なのは深い生態学的思考だ。ただ、気候変動による人類存亡の危機を憂《うれ》える生態学的進歩主義者が採用し、現在広まっている惑星規模の思考モデルは、肝心かなめの環境のとらえ方を間違っていると私は主張する。新たな惑星規模の思考モデルは動物としての人間にかかわるものだが、人間の動物性は正確には地球全体にかかわるものではなく、すべての生物に関係しているわけでもない。地球も生物も、単一のシステムを形成しているわけではない。

私は集団的ガバナンスという概念を生き物全体、ましてや地球全体(地学的な無生物的側面を含む）に広げるつもりはない。むしろ最初に目を向けるべきは、驚くほど忘れられがちな人間の子どもたちである。地球上で最もクリエイティブな存在である子どもたちの知恵を活用するため、私たちは真に普遍的な選挙権を実現し、子どもたちに投票権を与える必要があると主張する。子どもたちは（言うまでもなく）消費者として非常に存在感があるだけでなく、私のモデルにおいて真の利益追求の推進力である大胆なイノベーションや道徳的進歩の源泉としても重要だ。

二つめの思考実験として取りあげるのは、私たちの生活における微生物の影響力を見せつけた最近のパンデミックの経験だ。私たちの人生における理性的な司令塔である自己意識的自我は、理性のおよぶ自己認識や規範的領域（公的領域、法律、道徳的思考、教育など）によってコントロール可能だが、それは動物としての私たちの生のほんの一部に過ぎない。人間の身体には多くの他の生物が生息していて、それらなくして私たちは生きていくことはできない。細菌やウイルスは人間の生の重要な一部であり、基本的欲求や選好、通常は意識上にはのぼらない根本的なレベルの意思決定に影響を与えている。私たちはモノを食べたり、呼吸したり、そして互いに触れ合い、キスをしたり、抱き合い、生殖活動をするなかで絶えず彼らの世界と関わっている。

このようにエコ・ソーシャル・リベラリズムは、社会経済的および政治的に妥当なさまざまな行動の選択肢を絶えず比較検討する、成人した合理的思考者という概念だけをよりどころにしているわけではない。だから健康、食べ物、身体的事象にかかわる人間心理の非意識領域についての新たな倫理が必要なのだ。そうした私たちの生活の諸相は抑圧してはならず、むしろ、自由な法の支配の要素としてしっかりと取り込まなければならないのである。

最後となる三つめのトピックは、ＡＩの台頭だ。私にとってＡＩとは自律的システムではない。ＡＩは本質的に機械と人間の両方にかかわる社会的技術だ。（イーロン・マスクの誤った思い込みに反して）ＡＩの危険性から人類を守るために、ＡＩと人間をつなぐ神経インターフェースなど開発する必要はない。なぜならそのようなインターフェースはすでに存在するからだ。ＡＩそのものである！　本書では「ＡＩ」によって、時間が加速していくデジタル社会に私たちが身を置いていることを示していく。つまりＡＩは「人工知能（Artificial Intelligence）」であるだけでなく、むしろそれ以上に「加速化知能（Accelerated Intelligence）」なのだ。これから見ていくとおり、社会的技術としての加速化知能（ＡＩ）はすでに実現しており、ある種の超知性と予測不可能な知性の爆発をもたらした。この超知性は、私たちを取り巻く入れ子構造の危機についての新たな認識というかたちで人間の領域に表れている。このように、さまざまな危機とそれについての私たちの認識の高まりは、科学技術的、社会的、そして願わくは道徳的な進歩のサイクルのなかで結びついている。

第2部
倫理資本主義

第二次世界大戦後、資本主義と共産主義を両極とする対立が起きたが、どちらに属するかにかかわらず、多くの人が一九八九年以降のベルリンの壁崩壊とそれに続く旧ソ連の崩壊を劇的かつ不可逆的な人類史の転換点ととらえた。こうした文脈のなかで著名な政治学者フランシス・フクヤマは話題作『歴史の終わり』を発表し、西側の政治的自由主義が冷戦の宿敵に永遠の勝利を収めたともっともらしく主張した[25]。しかし、その後訪れたさまざまな世界的に重要な転換点（9・11米国同時多発テロ、二〇〇八年の金融危機、右翼ポピュリストの選挙での勝利、中国の台頭、新型コロナウイルス・パンデミック、イラクやアフガニスタンでの不毛な戦争、ロシアの対ウクライナ戦争、そして直近ではイスラエルをめぐる状況など）によって、私たちの認識は変わった。

二〇〇八年の深刻な金融危機に加え、生態学的危機が私たちの社会的現実に及ぼす影響はより明白になっている。社会の格差は広がり、世界的に「システミック（体系的）に」行われている倫理的に持続不可能な不正義に対する、進歩的な道徳意識も高まっている。そうしたなかで「西洋的」生き方への新たな批判の波が沸き起こっている。体制の異なる社会同士の対立が地政学的対立に発展すると、こうした批判は政治的に中立な見解ではなく、「進歩に向けて前進しつづけるためには、まず資本主義に終止符を打ち、西洋を解体する必要がある」といった見当違いの危険な行動への呼びかけに結びつきやすい。

ここでいう「西洋」が具体的に何を意味するかを簡単にまとめると、たとえばフィナンシャル・タイムズ紙のマーティン・ウルフの言う「民主的資本主義」ということになる[26]。「民主的資本主義」とは資本主義の剰余価値生産の方法と、民主的な法の支配を組み合わせたものだ。それは持続的な、そして原則的に無限の経済成長（国内総生産などの指標で測定可能）を約束するだけではない。価値体系としての民主主義の概念に含まれる、これもまた持続的な人間的、道徳的、社会的進歩を約束することで量的成長の欠点を補うのだ。

民主的資本主義は経済戦略（当然ここには徴税や再分配によるトリクルダウン効果も含まれる）によって、民主的な法の支配に従うあらゆる人の幸福を増大させる。それと同時に「普遍的な人間の解放」というそもそもの理想に沿い、グローバル化した市場を自由化と解放の手段として使おうとする。この発想の限界は、交易（モノの交換）を通じて非民主的社会に価値体系としての民主主義を広めることはできないという矛盾に表れている。モノの交換は価値判断の影響を受けるが、文化的差異が極端に大きい場合、価値判断は衝突するためだ。

倫理は普遍的要請への洞察を与えてくれるものの、その内容について全員の意見が一致することを保証するわけではない。しかも倫理は邪悪な行為や行為者と完全に共存しうる。なぜなら倫理的要請を誰かに強制することはできないからだ。テロリストが人権を無視し、想像もできないような恐ろしい行為に手を染めようとする場合、彼らは邪悪である。邪悪に対処する唯一の方法は、それを未然に防ぎ、それでも発生した場合は戦うことだ。好き勝手に倫理に反する行動を取ると決めた邪悪な行為者と、倫理や人権の原則を議論するだけでは不十分であり、そもそもそんなことは不可能だ。

この数十年のあいだに、いわゆる「西洋」では多くの人が民主的資本主義の社会経済構造に批判的な考えを抱くようになった(27)。彼らから見ると、価値創造と分配の他の方法が台頭しているようだ。確かに、新たな手ごわい競争相手は出現している。最たるものが戦時経済(現在のロシアなど)あるいは共産主義(中国など)のように、市場の力を強力な中央集権的計画と結びつけたさまざまなタイプの「権威主義的資本主義」だ(28)。

資本主義が解放(民主化)という約束を守ることができず、単に価値中立的な経済的エンジン、剰余価値生産の道具に過ぎないのであれば、それに固執する究極的理由はない。西洋とそのライバルは互いの戦略をスワッピングしているようだ。中国が権威主義的でありながら資本主義的であるのに対し、西洋の進歩主義者の多くは民主的な非資本主義、つまりある種の社会主義、あるいは斎藤幸平氏の「脱成長コミュニズム」という興味深い提案に色気を見せている(29)。社会民主主義の代わりに民主社会主義、あるいはどうにかして私たちの抱えるグローバルな問題を解決するようにデザインされたもっと過激な計画経済が西洋で台頭している。ずっとマルクスやマルクス主義的伝統に（過度に）肩入れしてきた左寄りの進歩主義者の頭の中、あるいは大学の教室の中だけのことかもしれないが。

同時に私たちは、eモビリティ、宇宙ビジネス、デジタル領域で途方もない技術的ブレークスルーや新たなビジネスモデルを目の当たりにしているが、それは自由な資本主義的利潤追求と起業家の創意工夫がなければ生まれなかった。それを体現するのがカリスマ的で毀誉褒貶《きよほうへん》の激しいイーロン・マスクのような人物だ。

この第2部では、私たちは資本主義を放棄すべきである、あるいは放棄することが可能であると信じるのは時期尚早であるだけでなく、誤りであり、地政学的に危険であると主張していく。剰余価値生産の新たな構想に基づく具体的代替策を示さないのであれば、なおさらだ。民主的資本主義を問い直し、改革することは可能だ。なぜなら民主的資本主義には、複雑な試行錯誤のプロセスを通じて改善していくという性質があるからだ。民主的資本主義を放棄する必要はない。

よく考えてみれば、資本主義そのものが問題なのではない。ある重要な意味において資本主義は存在さえしないのだ。具体的にいえば、統合的な経済システムとしては存在していない。「資本主義システム」という言葉は、誤った抽象化の産物である。経済的現実には変化しつづける剰余価値生産の無秩序なプロセスがあり、そのなかにかつての封建主義や共産主義という代替システムと比較できるような安定した経済的構造を見つけようとする試みは必ず失敗する。なぜならそれは「資本主義」は統合されておらず、中心や本質を持たないという事実をとらえていないからだ。[30]

したがって単一の資本主義経済システムなるものは存在しないので、計画経済などそれに置き換わるようなより良いシステムを考案することもできない、と私は主張する。「資本主義」というざっくりとした傘の下にまとめられる活動は統合されておらず、ある種の無秩序な状態にある。経済学者ヨーゼフ・シュンペーターの言うように、資本主義の主要な力が「創造的破壊」であるのはこのためだ。[31] しかし制約や中央集権的計画からの消極的自由という資本主義の特性が、剰余価値生産をする人間という動物の積極的な社会的自由という文脈の中でしか機能しないことを考えれば、資本主義の無秩序な側面は社会的文脈に埋め込まれているといえる。これはシュンペーターやいわゆる新自由主義的な経済学において十分認識されていなかった点だ。経済や自由市場という因子は独立して存在するのではなく、人間の社会政治的、倫理的生活に組み込まれている。

社会経済的、地政学的現実を考えれば、私たちは利潤追求と親和性の高い市場や政治と、進歩的で反資本主義的傾向のある思想という現在の二項対立を克服する必要がある。この悪しき対立の構図は、同じように見当違いの市場と国家、経済と政治、人間と自然、政治的左派と右派、進歩主義と保守主義、資本主義と社会主義・共産主義、科学技術的世俗主義と宗教といった図式にも反映されている。このような二項対立は私たちに、程度の差こそあれ明確に区別された選択肢からの二者択一を迫られているような、それぞれの選択肢が両極にあるような気にさせる。

要するに私たちに必要なのは、民主主義社会の国民をまっぷたつに分断する、二極化の加速という風潮に抗《あらが》うことだ。それが最も顕著に起きているのが、今も西洋の社会政治的発展の先頭に立つアメリカだ。先頭といっても、あくまでも比較する際の代表例という意味であって、西洋で社会経済的に最も発達した民主主義国家という意味ではない。

この第2部では、倫理資本主義は実現可能であり、この概念は人間の解放という近代が幕を開けた当初の約束と一致していると主張していく。

近代資本主義を批判する人々は、その過去および現在の植民地主義的な不当行為、ジェンダー差別と人種差別、金権支配といってもおかしくないほどの経済格差、労働者の搾取、地球との資源収奪的なかかわり方などを正当な理由で批判するが、それができるのはまさしく資本主義の登場によって実現した近代的自由の中にいるからだ。

民主的な資本主義国は、さまざまな矛盾を克服して民主的資本主義をさらに強固にするため、国民に自らの進歩的展望の基盤そのものを批判するよう求める。これは資本主義国に社会経済生活のすべてを計画できる単一の主体やトップレベルのエリート層がいて、何らかの陰謀や戦略を描いているためではない。むしろ資本主義がきわめて頑丈なのは、リソースの配分を決定する権力中枢が存在せず、試行錯誤のプロセスに依拠しているためだ[32]。

ここからはまず経済学という学問が、現実の剰余価値生産や資源配分の領域としての経済とどのようにかかわっているかを見ていく。それをベースに「資本主義とは何か」という問題をさらに掘り下げ、道徳的価値を経済的価値とリカップリングすることは可能であると主張していく。これは私が取り組む「新しい啓蒙」というプロジェクトの一環だ[33]。端的に言うと、道徳的に正しい行動によって利益を得るのは可能であるだけではなく、私たちの義務である。これは現在「新たな道徳的政治経済」を求める政治経済学者らが支持する考え方だ[34]。

次に、社会性のある哺乳類としてのヒトという動物は、本能的に協力したがるという見解を説明する。私たちは絶えず他者の助けを借りなければ生きていくことさえできない協力的動物として、市場取引においても道徳的行為者として他者と交流する。市場は競合する他者の利益を押しのけ、自分の利益を実現させようとする邪悪で自己中心的で孤独な行為者同士がぶつかり合う場所ではない。市場はトマス・ホッブズが「万人の万人に対する闘争[35]」という言葉で表現したような社会の戦場ではない。ホッブズの人間のとらえ方は明らかに間違っていた。

続いて、世界各国が承認した国連の一七の「持続可能な開発目標（ＳＤＧｓ）」に体現される持続可能性を求める声は、道徳的進歩の持つ力を証明していることを示していく。ＳＤＧｓには欠点もあるものの、それが広範な支持を得て、経済的成功の指標としてもある程度受け入れられているという事実は、資本主義と道徳的進歩が両立不可能ではないことを示している。

第2部の最後は、マルクス主義と新マルクス主義の伝統に基づく資本主義の全面的批判を、全面的に批判して締めくくるつもりだ。じっくり検討すれば、資本主義はシステムではなく、資本主義社会などというものが存在しないことがわかる。それを踏まえれば、資本主義に対する過激な批判は、彼ら自身の社会についての認識を表しているのだろう。

多くの急進的批判者（マルクス主義者や新マルクス主義者）は「資本主義」という言葉を、複雑な社会システムが物象化したものとして使っている。資本主義はあらゆる人間の活動と社会的慣行を物象化し、商品化すると考えている点において、彼らは間違っている。それは彼ら自身の社会に対する誤解、マルクス自身も認めていた資本主義の持つ解放的で前向きで進歩的な力を無視する、彼ら自身の誤った認識を示している。結局のところマルクスも資本主義を、封建主義社会から民主的資本主義や近代に内在する対立や矛盾を克服した新たな未来社会へ移行するうえで必要な段階としてとらえていた。

第3章　経済学の危機

私たちは入れ子構造の危機の時代に生きている。新型コロナウイルスのパンデミック危機は、政治的代表制の深刻な危機が吹き荒れるなかで人類を襲った。後者は不安定化した自由主義的民主主義国家のレベルで起きており、こうした国々は権威主義政権の急激な台頭への対応に苦慮している。この政治的危機の原因はいろいろあるが、一つは二〇〇八年から〇九年にかけての金融危機だ。そしてこの金融危機は経済学の危機に内包されている。経済学は単に経済を「描写」したり、微分方程式を使って「モデル化」したりするだけでなく、政策立案に組み込まれることで経済を「形づくって」いる。

経済学は他の人文科学や社会科学と同じように、調査・研究の対象となるシステムを観察するだけでなく、その歴史的展開を大きく変える。経済学は学生たちに（その多くが企業でリーダーの役割を担う）マネー、剰余価値生産、会計、利益などについてどう考えるべきかを教える。経済学者は政策立案者にアドバイスを与え、また経済学の研究はジャーナリストによって記事にされ、意思決定者から一般人まで幅広い人々の目に触れる。このように経済学は単なる理論ではなく、実践なのだ。

さらに言えば、経済学がどのように形づくられているか、どのような前提に基づいてモデルが構築されているのか、予測力への期待が競合する学派の評価にどう影響するかといったこと自体が、他のさまざまな社会システムに組み込まれている。そうした社会システムも経済の一部を担っている。大学、シンクタンク、金融機関、経済研究センターなどは、小売店や工場、サプライチェーンなどと同じように経済の一部だ。

とはいえ経済の危機や不安定さなどは、二一世紀の人類が置かれた危機的状況の本丸ではない。私たちは明らかに重大な地政学的危機に直面しており、それはパンデミックの最中に実施された厳格な国境封鎖によって深刻化した。これは二〇二〇年初頭からの健康危機によって各国が迫られた、必然的にリスクの高い意思決定による想定外の巻き添え被害のほんの一例だ。

こうしたすべての社会経済的、政治的危機は、因果的および規範的影響の複雑な関係性のなかで互いに入れ子状態になっている。経済は政治的意思決定のなかに組み込まれており、政治的意思決定もまた経済に組み込まれている。どちらも人間の活動に組み込まれているが、人間の活動はおよそ主体的なものに限定されることはなく、自然のプロセスに根差している。暗号通貨のような高度な社会経済的資源は、地球上で発見されるおおよそ自然のままの天然資源（レアアースなど）なくして存在しえず、その地球を人間は数千年にわたる文化的・経済的活動によって文化的産物や人工物に変えてきた。

ここまで挙げてきたすべての危機も、最大級の、そして現在進行形の危機と比べれば見劣りする。人間そのものの危機だ。人類は常に自己破壊能力によって脅かされてきた。ここ五〇〜七〇年は人類が気候変動と地球温暖化の影響に直面しているという事実の認識が高まってきた。原因の一端は経済活動、すなわち地球上の限りある資源の生産、再生産、分配の全体的仕組みにある。社会経済的、政治的活動は人間以外の自然のプロセスと密接に絡み合い、複雑な因果のシステムを形成していることを考えると、人間の自己破壊的行動は狭い意味での人間的領域のみならず、地球というシステムの他の部分にも影響を与える。

入れ子構造の危機の現状、一つの危機が別の危機を深刻化させ、先例のない人類の存続にかかわる脅威のスパイラルに発展している状況（ＡＩの台頭など技術が引き起こす脅威も忘れてはならない）について詳しく述べようと思えばきりがないが、代わりにケイト・レイワースの次の文章を紹介しよう。

本書に描かれている未来のビジョンは楽観的だ。分配的で環境再生的な設計の世界経済を築き、バランスの取れた繁栄を成し遂げることをめざしている。そんな構想はばかげているとも、甘いとも思われるかもしれない。確かに気候変動から、軍事紛争、強制移住、不平等の拡大、外国人憎悪の高まり、現代社会の風土病と化した金融不安まで、複合的な危機に直面していることを考えれば、そう思えるだろう[36]。

いつだって方向転換するのに遅すぎるということはない。ただ現在の世界情勢がたくさんの重要なティッピングポイント〔小さな変化が蓄積した結果、そこを境に劇的な変化を起こす転換点〕を超えてしまっているのは確かで、近い将来さまざまな社会経済的要因のより安定的な均衡を達成できる見込みは薄い。危機の時代を乗り越えるためには人類の進歩がポストアポカリプス（終末以後）的段階に移行する必要があり、そのためには目の前の危機と真剣に向き合うことが不可欠だ。

マルクス以来の悪評

マルクス以来、資本主義は一部の影響力のある知的サークルから常に悪評を買ってきた。こうした知識人の多くは、私が挙げたような危機の一部、ときにはそのすべての原因は資本主義にあるとする。そして何らかの別の経済システムを導入しようと革命を呼びかけるが、その「別のシステム」はたいてい具体性に欠けており、唯一の特徴といえば資本主義が引き起こしてきたとされる問題をなんとかして解決することとされる。この文脈において資本主義は近代のありとあらゆる悪の元凶として非難されてきた。帝国主義、植民地主義、新自由主義的権威主義や独裁（チリやロシアのケースを思い浮かべてほしい）、金権政治、戦争、そして直近では交換と剰余価値生産という資本主義的（つまりは収奪的で搾取的な）論理に従い、地球の天然資源を容赦なく電力やモノに転換することによる自然破壊、人類が共有する環境の破壊である。

ただそんななか、公《おおやけ》に反資本主義、否、共産主義や社会主義の経済システムを掲げてきた国々は、ここに挙げたあらゆる面において資本主義より劣っているか、少なくとも資本主義よりましということはなかった。ソビエト連邦や東ドイツ（ドイツ民主共和国）といったかつての社会主義国は既知のいかなる資本主義体制よりも多くの社会的病理や失敗を生み出してきたばかりでなく、現時点では病理を抑えるという点では資本主義的で自由民主主義的な社会体制のほうが、競合する他の体制よりはるかによくやっているのだ。パンデミック危機による緊急事態への対応で、先進資本主義工業国のほうが最終的に権威主義的な国々より成功した事実を思い出せばいい。後者は対応策としてロックダウンなどの手段を好んで使ったが、それは実証された、あるいは想定された医学的、疫学的メリットのためだけではなく、そうした手段を使えばすでに行ってきたプライバシーや基本的人権の侵害をさらに上回る国民の支配が可能になったからだ。

同様に、急激に進む再生可能エネルギーの開発と実装（それでもまったく十分とはいえないが）や、欧州連合（EU）内での「欧州グリーンディール」の推進力となっているのは、資本主義システムの中で起こる技術的イノベーションと適切な資源配分だ。その資本主義システムは剰余価値生産によって税収と製品を生み出し、それをベースに民主的に確認された政治的意思が持続可能な未来に向けて好ましい社会生態学的変化を起こす。

何らかの方法で資本主義と自由民主主義（あるいはそのどちらか）を排除し、環境社会主義その他の自由度の低いガバナンスの仕組み（たとえば環境独裁など）を導入しても、私たちが直面する複雑な危機は解決できない。ここでいう「環境社会主義」とは、たとえば生態学的危機を解決するために概念的にデザインされたグローバルなガバナンス体制といったおとぎ話的な、単純な解決策を指す。グローバルな環境社会主義といった過激な提案の問題点は、私たちが現在直面している社会および自然の複雑さを無視していることだ。実行した場合に社会や政治、自然に及ぼす影響を考慮しないグローバルな生態学的危機の解決策など、現実的ではない。

問題よりも多くの解決策を生み出してきた

二一世紀の人間の条件が複雑である一因は、私たちが「資本主義」と呼ぶもの（他に良い概念がないため）をよく見ると、少数の基準によって簡単に定義できるような統合的経済システムではないことだ。このため「資本主義」という言葉は、経済的および社会的議論の対象としてかなり長期にわたって流行らなくなっていた。それが批判や自己批判というかたちで再び表舞台に出てきたのは最近のことだ[37]。「資本主義」という言葉が、単に生産手段の私有、自由契約、自由市場という、競争市場における利益と富の蓄積の基礎となる三要素がそろうことを意味するのなら、それが具体的にどのように私たちの直面する入れ子構造の危機を引き起こしているのか定かではない。スティーブン・ピンカーらリベラルな近代主義者にならい、そういう意味での資本主義は問題よりも多くの解決策を生み出してきたと容易に主張できる。何億人もの人々を極端な貧困から救い出し、医療や科学技術の進歩をもたらし、二〇世紀の全体主義的独裁政権を倒すことに成功したのだから[38]。

いずれにせよ、たとえ「資本主義」というラベルにふさわしい経済システムのシンプルで科学的な概念を定義できたとしても、私たちは「歴史の終わり」にはほど遠く、その失敗と成功の総決算を議論できるような状況にはない。資本主義が人間にとって良いのか悪いのか、ましてや二一世紀の地球の状況にとってどうなのか、私たちが本当に理解しているとはいいがたい。

とはいえ人類が直面する危機的状況と残された現実的な経済的ソリューションスペースの両方が、社会的にも自然的にも複雑であるという私の指摘を、価値判断をシニカルに拒絶するものと誤解してほしくない。危機的状況の根本原因が何であれ、剰余価値生産の現状に基づいて現実的解決策をデザインできるかは私たち次第だ。永続性のある社会的・自然的均衡点に到達するには全面的な体制変更が必要だという思い込みは排さなければならない。そんな均衡点は存在しないからだ。社会的思考は抽象的なユートピアを思い描くのではなく、未来志向の問題解決に動員できる事実、知識、資源に根差した規範的観念に照らして、社会構築に利用できる手段を観念的に明らかにすることを目指すべきだ。

近代の根本的問題はすべて資本主義のせいだと反射的に考える昨今の知的風潮は誤っている。私たちの知っている資本主義を克服あるいは何かに置き換える必要はない。必要なのは、剰余価値生産を道徳的進歩とリカップリングさせるという改革だ。それにはグローバリゼーション時代の資本主義を、個々の生命の無限の価値を全面的に認めるという意味での自由主義とどうすればカップリングできるのか、私たちが理解していることが前提となる。

アダム・スミスの『道徳感情論』

少なくとも資本主義が近代初期に登場した経済の推進力として、あらゆる人に人生の意味を見つける可能性を与えるような繁栄を実現したのは間違いない。資本主義は倫理的洞察に根差した価値命題に基づいている。これは資本主義経済学の創始者として広く認められているアダム・スミスが、著書『道徳感情論』の中心に据えた考えだ。財の自由な交換と個人間の相互利害調整による剰余価値生産という経済構造の諸要素に、倫理的洞察を統合した考えを「倫理資本主義」と呼ぶ。

「倫理資本主義」という表現が言葉の矛盾ではないというのも意外ではないはずだ。アダム・スミスを資本主義思想の創始者と見るのが妥当である以上、近代資本主義に倫理的基礎があるのは明らかだ。アダム・スミスが道徳哲学の教授であったこと、そして『国富論』だけでなく、もう一つの古典である『道徳感情論』の著者でもあることを忘れてはならない。ここで重要なのは、スミスが人間は「共感」できる、すなわち他者の立場を想像し、その能力に基づいて価値判断を下すことができると考えていたことだ[39]。自分の行動が単に自己利益の延長ではなく、自分とは異なる他者としての他者に影響を及ぼすと理解していることが、経済活動の基礎だとスミスは考えていた。このためよく話題になる「見えざる手」は、あたかも自然法則のように数学的厳密さをもって表現できる隠れた経済法則を指しているのではなく、共感の実現を指していると解釈することができる[40]。スミスはゲーム理論やその他の論理によって、資源が乏しい状況下での財の交換について「市場に自律性がある」とは主張しなかった。経済は経済学者が発見すべき何らかの自然法則、いわば社会物理学によって動いているという発想はスミスにはまったくなかった(41)。

とはいえ資本主義の創始者らが、資本主義体制を正当化するような道徳的理由を挙げていると指摘するだけでは、もちろん不十分だ。なぜならスミスが道徳哲学や倫理についてどう考えていたかにかかわらず、あらゆる基準に照らしてその内容はすでに時代遅れになっているからだ。今日資本主義と呼ばれるものについてのスミスの考えも同様だ。グローバリゼーション、デジタル・トランスフォーメーション、不当な経済格差によって生じている現代社会の欠陥や病理を分析する際に、カール・マルクス本人の過去の著作を引用するとジョークのようになってしまうのと同じことだ。サービス経済や知識経済について、あるいはデジタル時代の抽象的な生産条件について、マルクスには知りようがなかった。また自分の思想を実行に移した結果を実証的、歴史的事実として見ていないので、第二次世界大戦後に起きた資本主義と共産主義の衝突という矛盾や対立も理解できないだろう。だが私たちはそれらを目の当たりにしてきた。だからマルクスを今日私たちが直面するあらゆる危機を予測し、説明できた予言者のように崇め奉るのは避けるべきだ。

二一世紀の私たちが必要としているのは過去の誰か、あるいは何らかの伝統的ドグマの復活ではない。近代の本来の約束、すなわち人間を自ら生み出した不自由から解放するという約束を実行に移すことだ。ここで経済、そして社会経済的取引を研究する科学的学問である経済学の出番となる。なぜなら人間のなかには、他の誰かを社会的・政治的に不自由にするような消費の欲求を満たすために、他者の自由を制限する者が確かにいるからだ。近代が成功するためには、これまで世界の権力の中枢から排除されてきた人々を倫理の方程式に組み込むという次のステップに移行する必要がある。別の地域の労働力や資源を搾取するというのは、先進工業国が自ら招いた不自由の一形態だ。というのも、そうした行為は地政学的紛争や正当な抵抗運動につながるからだ。資源の不公正な分配に抗議の声をあげる人々から市場を守るため、民主的資本主義国が軍備を強化するのが正しい道ではないのは明らかだ。

お金は翻訳ツール

資源が不足しているところにのみ、経済は存在する。二者が資源（労働力と賃金、モノと代金、モノとモノなど）を交換するのは、それぞれの当事者が他方の当事者が持っているものを持っておらず、交換のための共有基盤、つまり翻訳の方法が存在するからだ。よく言われるように、お金の力はニーズや資源やモノをさまざまな通貨というかたちの数字体系に翻訳する言語になることにある。その数字体系も自己反射するように自らの言語の一部となる。お金は翻訳ツールとして、自らをさまざまな地域の方言に翻訳する。

ニーズや希少な資源や財から、普遍的な翻訳ツール（自らを翻訳する）としての貨幣への経済的翻訳が起こる場が「市場」だ。資本主義の基本概念は、人類のために剰余価値を生み出す自由市場の力を認めるというものだ。ここでいう市場の「自由」とは、フリードリヒ・ハイエクやミルトン・フリードマンのような影響力のある新自由主義者が誤って考えていたような、国家が運営する市場との対比での自由ではない。市場がどのように機能すべきかを把握し、どの財を交換すべきかという意思決定を下せる中央集権的な主体が存在しないという意味での自由だ。運営する国家がどう考えているかにかかわらず、そういう意味では国営市場も自由でありうる。自由民主主義的な法治国家の系譜が、貴族階級による封建主義に徐々に置き換わっていくことに大きく貢献したという点において、この意味での近代の自由市場にはまちがいなく人間解放の効果があった。ここからも明らかなように古典的な新自由主義の誤りは国家と市場の対比を過大評価することにある。

自由市場という媒介が存在することで、人間は新しい財（アイデアも含む）を生み出す。中央集権的主体には、そうした財が生まれることを予測できない。なぜなら個々の人間や彼らの所属する社会的形成（家族、組織など個人が社会的アイデンティティを形成するために所属する集団）は自由だからだ。人間は最低限の基本的欲求が満たされると必ずクリエイティブになる。生存の欲求が満たされると、生きがいを探すという新たな課題が生じるからだ。

こうした理由から自由民主主義的な法治国家を支える経済的エンジンとしての資本主義においては、より多くの剰余価値を生産し、投資して、予測不可能な新たなニーズやリソースに対応する新たな財を生み出すために、市場にできるだけ多くの人が参加する必要がある。別の言い方をすれば、資本主義では人々の基本的な物質的ニーズが満たされると、イノベーションと成長拡大のロジックが動き出すのだ。

これが資本主義の成功要因は「創造的破壊」の能力にある、とするヨーゼフ・シュンペーターのよく引用される主張を裏づける真理の一つだ。創造的破壊を単なる混乱のような純粋に否定的な行為と同一視してはならない。シュンペーターが言わんとしているのは、資本主義は自らの生み出す危機をプラスに変えるということだけではない。なによりその問題解決能力が強みであるということだ。技術的イノベーションは私たちの問題解決能力を明らかに高める。だから現代の資本主義は二つの大きな問題に照準を合わせている。人間の基本的な生存ニーズを満たす（そしてテクノロジーを動かしつづける）ための「エネルギー」と、知能を高めるマシンを生み出して人間の問題解決能力を最適化することを目的とする「デジタルテクノロジー」だ。

私たちは資本主義を改善するという目標をもってその倫理を明確化することで、資本主義を改革する必要がある。それによって倫理資本主義は道徳的進歩を中心的課題に加えることになる。倫理資本主義は人間の基本的な物質的ニーズを満たし、安定した立場で剰余価値生産というゲームに参加できるようにすることに加えて、私たちが人生の意味を見つけるのを助けるという役割も引き受ける。

これに関して私は、人生の意味は相互扶助の能力に表れるという啓蒙思想本来の考え方を擁護する。[42]自分たちの社会的自由を増やすためにお互いを支え合う道徳的能力こそ、私たちがここにいる理由、つまり近代的社会的形成の一員である理由だ。

それゆえに倫理資本主義は、過去のあらゆる形態の資本主義に対する正当な批判、また人類に対して甚大な害を及ぼしてきた「企業は他の価値領域より優位にあり、完全に独立した自律的なものである」という新自由主義的発想への正当な批判を受け入れる。新自由主義の問題点は社会というものを誤解していることだ。社会を、自らの選好を実現するために社会経済的交換というそれ自体価値のない空間を動きまわる、個々の点のような行為主体の行動に還元できると考えている。要するに「社会的自由」を見落としているのだ。自由を社会的結合からのマイナス方向への距離と見ており、国家の唯一の正当な機能はこの消極的自由（社会的自由のために個人の自由を制約する国家の権限からの自由も含めて）を保護することだと考えている。[43]

新自由主義的な市場国家の概念とは対照的に、倫理資本主義は倫理を第一に考える。つまり市場の目的は、道徳的進歩に貢献することだと考えるのだ。ひとたび人間の基本的ニーズが満たされたら、社会とその経済活動を構築する次のステップは、企業に社会的自由の増大を促すことであるべきだ。少なくとも生存に最低限必要なものを届けるという役割を果たしたら、すぐに経済が担うべき機能はこれだ。こうした理由から経済学を倫理的にアップデートし、経済的手段を通じた社会的自由への貢献として、道徳的進歩と矛盾のないものにする必要がある。

第4章　道徳的価値と経済的価値をリカップリングさせる――新しい啓蒙への道

　主流派経済学の限界をしっかり理解するためには、それがどのような点において倫理的合理主義の理想と乖離《かいり》しているかを理解することが重要だ。経済学において価値の概念は、一般的に合理的主体と結びついている。「合理的主体」とは、自らの選好を実現しようとする者だ。「選好」とは複数の選択肢（通常は財とみなされるモノ）を、自分にとっての効用に照らしてランク付け（「評価」）した序列である。行為者Sがアンドロイドとアップルのスマートフォンのどちらかを選ぶことができ、またどちらか一方（両方ではない）を購入する財力があるとき、SがiPhoneを選択したら、それはSの選好を示している。経済合理性とは特定の行動と別の選択肢の費用対効果を分析し、自らの生き方を最適化することだ。

　このような「合理的主体」とされる人間像には多くの問題がある。それは主流派経済学の重大な制約であり、今日の経済学と倫理学が融合していない原因でもあるため、この問題をよく理解しておく必要がある。

　人間の主体性をこのように考えることの一つめの問題点は、私たちは通常、自分の選好も、選びうる選択肢がどのようなものであるかもわかっていないことだ。理論的には多くの人が億万長者になる可能性を持っている。実現すればアウトプットを最大化するのに大きく役立つだろう。だがそれも私たちが今、どの選択肢を選べば億万長者になれるかをわかっていればの話だ。多くの人が莫大な富を手に入れる方法をよく知らないので、危ない橋を渡らないという選択をしている事実は、私たちが経済理論の描く合理的主体のようには行動しないことをかなり明確に示している。

ただし経済理論が、個人が実際に選択するあらゆる行動は、相対的な無知と不確実性を踏まえたうえで自らの選好を最大限満たすものである、と定義するのなら話は別だ。この場合、選好は実際の選択から読み取れることになる。つまり、ほとんどの人は億万長者になる努力をしないことを選好していると考えるのだ。しかし選好は人々が「実際に」選ぶ選択肢と一致しているのなら、選好という概念は「規範的」機能を失う。必ず行動として表れる価値観は、価値観とはいえない。なぜならその価値観が指示する行動を実行しないことが不可能だからだ。(44)

一般的に「規範的」概念とは、ある活動の目的を述べているが、その概念の想定する状況下で行動する主体が必ずその目的を達成するとは限らないものだ。たとえば、優れたチェスプレイヤーであるというのは規範的概念だ。私がチェスのルールを知っていて、いくつかの序盤の定石と終盤の理論をかじり、トーナメントに出場したとしても、それだけでは優れたチェスプレイヤーにはならない。優れたチェスプレイヤーになるためには、私の行動と同一ではない何らかの基準によって優れているとみなされる行動をとらなければならない。

もちろん、規範性に関するこの簡単な考察が、いかなる行動の描写もその人物の価値体系をうかがい知る手がかりにはならないといった誤解につながることがあってはならない。規範的概念とは、成功や失敗という評価の対象となるような行動にかかわる概念だ。規範とは、私たちの実際の行動で達成できることもあれば、できないこともあるものだ。実際の行動は観察可能であり、それは規範性とは観察不可能な超越的領域ではないことを意味する。すべてとはいえないが、多くの規範は社会的に観察可能で、文字化や文書化されており、明確になっている。

余剰価値生産の謎

一般的に経済的価値を、個々の行為者の選好を満足させることに矮小化してはならない。経済的価値(「利益」と言い換えることもできる)は必ずしも利己的でもなければ、不道徳でもない。そのような認識では経済成長に不可欠な剰余価値生産の謎を解くことなどおよそ不可能だ。剰余価値生産の謎とは、人間の活動とはせいぜい現実の物質層・エネルギー層を組み換えることに過ぎないのに、なぜそれによって経済的価値が増えるのかを説明するという問題だ。物質を単に組み換えるだけで、なぜ価値が高まるのか。すでに簡単に述べたとおり、この問いへの答えは人間の価値判断、すなわち互いの意図を読み合うことと関わっている。市場で取引をする場合、互いのニーズや価値観を推測する必要がある。市場は価格その他のメカニズムを自動的に生み出す価値中立的なプラットフォームではない。目的と価値観を共有するさまざまな人間が有意義な交渉をするための、道徳的意味を持つ出会いの場なのである。

マルクス主義が何世紀にもわたって人々を魅了してきたのは、この問いに規範的味わいのある答えを示すようにできているからだと私は思う。マルクスが、物質の所与の状態（おおよそ自然物のこと）での（使用）価値と、その物質が市場という状況下で獲得する価格あるいは交換価値の差は、突き詰めるとその方程式に労働あるいは作業という要素を追加することで生じる、と考えていたのは有名な話だ。誰かが物質の自然の状態を変えたという事実、すなわち何かを人間の営みの産物に転換することが、原材料と、交換単位（金銭など）によって経済価値を測定することのできる財（モノ）の差である剰余価値を生み出すのだ。

このように製品の価値は、人間の労働が物体のなかに織り込まれた人工物である点にある。マルクスの問題は、価値ある人工物を生み出す物質の自然状態と人間の活動との関係性が、社会的関係あるいは生産関係によって覆い隠されていると考えたことだ。今日の環境がそうであるように、両者の関係性はそこに携わる者には自然に思える。ただ、実際には私たちを取り巻く環境は、人間の活動によって一切汚染されていないという意味での純粋な自然ではあり得ない。

マルクスの検討に含められなかった事実、そして確かに現在の生産関係によって覆い隠されている事実は、人間の活動による影響を一切受けていない「エデンの園」的な、純粋な使用価値を体現する自然環境などというものは存在したこともない、ということだ。

なぜなら人間という動物はもともと無数の生化学的交換構造に組み込まれており、それが大気や土壌の質、私たちの生息環境における動植物などを形づくっているからだ。動物は決してエデンの園に生きる受動的な狩猟採集の民ではなく、自らの生存する生態学的ニッチを自ら生み出す。別の表現をすると、人間をはじめとする動物は文化的生物として、ただそこに在ることによって自らをとりまく自然を形づくる。「環境（Umwelt）」という言葉を生み出した生物学者であり哲学者のヤコプ・ヨハン・ユクスキュルが指摘しているように、動物は単に所与の環境に適応するのではない。能動的に入り込んで適応するのだ。[45]

したがって、純粋な自然の使用価値のレイヤーが存在し、その秩序が人間の存在によって乱れたり脅威にさらされたりするという昨今幅を利かせているエセ生態学的思想は、資本主義や現代の言葉で簡単に表現できる他の経済形態が発明される以前から存在していた、生産の社会的関係をわかりにくくする論法の一種だ。前社会的な、純粋な使用価値を持つ自己持続的・自己再生的な「自然」なるものはもともと存在しない。なぜなら人間が生き延びるために必要な資源（呼吸する空気、食料となる動植物など）は、人間および人間以外の動物の活動によって存在するようになるからだ。とりわけ後者は数十億年にわたって地球の生態学的条件を形成してきた。ダーウィンと同時代に生きたマルクスとエンゲルスはこうした事実の一部を認識していた。しかし彼らの時代の生命科学、工学、物理学は、二〇世紀と二一世紀に生まれた深い生態学的洞察や複雑な理論とはおよそ比較にならない水準にあった。

生物学に根差した本質的な意味での文化とは、経済的価値の算出だ。それによって人間は生存のための条件を生み出し、再生産することができる。互いに助け合うことなしには生きていけない親社会的哺乳類である私たちは、自らを育《はぐく》むために文化に頼る。人間が自らのための生態学的ニッチをつくるために利用する、形而上学的に独立した前社会的レイヤーなど存在しない。人間という動物が存在するようになった時点で、エデンの園はとっくに失われている。それはエデンの園は動物には手に入らないものであるという洞察につながる。そもそものような意味での自然は存在しなかったのだから、そこに戻ることはできない。

このように交換価値は、価値の誕生という存在論的物語のなかで、私たちが考えるよりもずっと早く登場する。この説明によって生産の社会的関係を自然なものだというつもりはない。生産の社会的関係は初めから文化的なものだ。これは人間の現実にも自然のレイヤーのようなものが存在し、それが労働者を搾取する（たとえば、労働時間など自然な測定単位によって彼らの活動の使用価値を決め、イデオロギーとは無関係の十分な、疎外感の低い交換価値を返すことで、労働者が本来受け取ることができるはずの水準より低い賃金を支払うなど）意図をもってつくられた暗黙の、あるいは明示的な生産の社会的関係によって覆い隠されているといった考えを否定する。

私的保有と集団的保有

驚くべきことに、私たちは資本主義の特徴を語るとき、マルクス主義の語彙《ごい》を多用する傾向がある。辞書や手引書の説明文、高度な経済論文はいずれも生産手段の私有や他の要素（私有財産、自由な競争市場、資本の蓄積）などの概念を使って「資本主義」を定義している。(46) このようなシステムと対比されるのはやはり依然として社会主義で、生産手段は主に法律によって保護された私的所有者以外の集団が所有するとされる。

この原始マルクス主義的な対比は、よく考えれば間違っていることがわかる。なぜなら資本主義システムを機能させるためには、私有財産を法によって保護する必要があるからだ。

スタンフォード大学の哲学者で社会理論家のデブラ・ザッツはこの基本的な点について、複雑な社会システムにおける経済効率性は例外なく「財産、交換のルール、契約と履行を前提としている」と指摘している。[47] つまり生産手段が私有されている場合でも、私たちは集団としてこの私的所有の法的条件を所有しているので、私的所有と集団的所有の厳密な対立は消滅するのだ。

ザッツはさらにこう続ける。

市場が効率的に機能するのは、財産権が確立され、保護されている場合だけだ。そのためには契約の履行と財産権の尊重を確保する法的および規制的枠組みが存在しなければならない。ただ、市場を機能させるためには、国家には単に窃盗や詐欺を防ぐための介入以上の行動が求められる。たとえば商業的紛争を解決するメカニズム、企業に信用へのアクセスを提供する健全な銀行システム、そして教育、インフラの建設と保全、司法制度といった集団に必要なものをまかなうための徴税システムも必要だ。（中略）この考察の重要な含意は、自由市場は常に所有権制度、政府の規制、社会慣習の強制力に依拠しているということだ。真の自由放任主義は論理的にも不可能である。[48]

法律はまさに規範的秩序をつくるための社会システムであり、それゆえに社会的なものだ。つまり私たちは私有財産の存在自体を許容することで、法を通じて集団として私有財産を所有するのだ。このように私有財産を常にその一階部分として組み込んでいる二階建ての集団的所有は、ジョン・ロールズが有名な格差原理のなかで説明した次の社会的機能を果たしている。「特定の社会の構成員の経済格差（および常に格差の一形態である私有財産）は、社会で最も不遇な人々が不公平な資源配分によって物質的に豊かになれるかぎりにおいて正当化される(49)」

ありていに言うと、近代において資本主義が成功したのは、管理された状況下で格差を拡大させることで、貧困など複雑な社会における病理を抑える能力があったためだ。この状況をコントロールするメカニズムが法律だ。

ここから導き出される当然の結論として、（貧困を生み出す、従業員の労働環境を悪化させるなどして）経済的および社会的病理を深刻化させるあらゆるかたちの有害な格差は違法であるべきだ。私たちは貧困の創出を禁じる法律を制定すべきだ。なぜなら貧困は社会的病理の主要な原因の一つだからだ。極度の貧困の下では、転居を余儀なくされることが多いため、生活を維持することや持続的な社会的紐帯《ちゅうたい》を形成することが困難になる。また生活費を稼ぎ、身近な人々と分かち合うためにより良い条件を見つけることも難しい。貧困は人々を絶望的状況に陥れ、帝国主義者、植民地主義者、そして偽りの希望をばらまくことで甘い汁を吸う悪人たちに搾取されやすくする。だから私たちは貧困を克服する方法を模索する必要がある。

格差原理（あるいはその修正版）は、既存の法的枠組みに優先あるいは超越するものを土台とする必要がある。なぜなら世界規模で有害な格差が存在していることは確かであり、それを非難するのは当然だからだ。たとえば高度先進工業国での消費行動が、自国内では違法とみなされるような生産の社会的関係性と結びついているならば、その消費自体も当然違法とみなすべきだ。私たちが道徳的進歩を遂げるには、サプライチェーンや生産状況が剰余価値生産を不道徳なものにしないことが必要だ。それはグローバル化した経済において必ず最悪の事態につながるのだから。

万国の人間よ、団結せよ！

資本主義の価値観のバックボーンとしての経済的自由主義は、資本主義を容認できるものにしているだけでなく、全面的な共産主義（中央機関が市場の調整に責任を持てるように私有財産を廃止する体制）よりも優位に立たせている。ただ、経済的自由主義が容認される前提は、法律違反を地球上の他の地域にアウトソースしないことだ。社会主義と同様に（もっと言うなら共産主義も）自由主義的価値体系としての資本主義が機能するには、グローバルでなければならない。だから資本主義の至上命題は「万国の人間よ、団結せよ！」なのだ。これが経済のグローバル化につながり、いまや倫理的原則に基づいた修正が必要な状況になっている。社会・政治的状況から隔絶した、見当違いの新自由主義的な市場の概念を乗り越える必要がある。世界政府という構想はうまくいかず、グローバルなガバナンス体制が存在しないなかでは国際法の効力は大幅に制限される。それを踏まえると、倫理資本主義はグローバル化が進んだ現状でのさらなる正義の実現に貢献できる。

私が資本主義を単なる富の生産の仕組みとは考えていないことに注目してほしい。社会的に資源配分を調整するという価値概念を加えないかぎり、そのような資本主義の考え方は必然的に正当な批判や拒絶につながる。そして法の埒外《らちがい》でまっとうに機能した資本主義、自由放任主義、新自由主義システムはいまだかつて存在しない。多国籍企業という形態をとる今日のグローバル経済も貿易法、規制、国境などの制約を受けるため、完全に法の支配を受けずに機能することはできない。

もちろん、人間の利益に沿うように設計されていなければ、資本主義は機能しない。ただ、それは実際に導入されたあらゆる経済システムについて言えることである。いかなる経済システムも人間に頼らなければ実行されない。つまりそれは社会的活動だ。人間という動物は相互扶助という社会的絆なしには生きられないという意味において、その社会的活動は本質的に規範的だ。このため経済競争は、法律というかたちで具現化した巨大な協力システムという環境でのみ起こる。こうした観点に立つと、法律の役割とは社会に奉仕すること、すなわち格差原理の番人であることであり、これは企業法の役割のひとつでもある。独占禁止法が存在する理由は、独占とは不当な不平等の表れに他ならないからだ。それはあまりに少数の人々にあまりに多くの人々を支配する過剰な力を与え、格差原理を脅かす。

経済活動も、その価値ある生産手段の私有を規制する法的社会的枠組みも、道徳律という追加的な評価のレイヤーの対象となる。このほどコリン・メイヤーが著書『資本主義と危機（*Capitalism and Crises : How to Fix them*、未邦訳）』で、「危機資本主義」に代わる新しいタイプの「問題解決型資本主義」の強力な道徳的基盤を提示した[50]。この道徳的基盤は私たちの存在目的、生きる意味に言及している。

私たちは他者が他者を助けるのを助け、その行動を通じて収入を稼ぎ、利益を得るために存在している。しかし収入や利益は私たちの存在の動機や目的ではなく、そこから派生するものだ[51]。

人間が他者なしには存在できない社会的動物であることを考えると、私たちの個人的自由の行使は相互扶助のシステムの中においてのみ意味をなす。つまり相互扶助のシステムの改善につながる行動は好ましいとされ、システムを損なう行為は悪とされる。これを基盤に、メイヤーは優れた企業の概念と密接に結びついた、まったく新しい道徳律の概念を提示する。メイヤーはこう書いている。

他者に不利益を押しつけることではなく、他者の問題の解決策を生み出すことによってのみ利益を得るべきだというのが道徳律だ。なぜこれが単なる主張やルールではなく、道徳律なのか。道徳律とは、神の定め、あるいは真の理性から導き出される正しい行動についての絶対的ステートメントである。この場合、道徳律は宗教ではなく理性から導き出されている。この基盤を確立するのに、神の介入は必要ない。これは正しいふるまいに関する理性に由来している。[52]

しかし、この結論は具体的にどのように導き出されたのか。他人を犠牲にして利益を得ることは不道徳であるだけでなく、それは見せかけの利益に過ぎないというメイヤーの優れた洞察の裏づけとなるのは、どのような倫理だろうか。なぜなら実際に他者に不利益を与えることで利益を得られるなら、真の利益は他者に不利益を与えないと主張するだけでは不十分だからだ。道徳律の規範性は経済活動に基づいているのか、あるいは経済活動に優先するのか、それとも何らかの要因で両者は一致するのだろうか。

倫理的洞察へのアクセス

一般的に、倫理学は哲学の一分野だ。共有する人間性に基づいて何をすべきか、あるいは何をすべきではないかというテーマを扱う。もう少し詳しく見ていこう。私たちの行動の多く(もちろんすべてではないが)には理由がある。行動の多くは合理的で、その理由は規範的原則に照らして評価することができる。規範にかかわる行動の理由がすべて道徳にかかわり、倫理学の対象になるわけではない。たとえば私がチェスのオープニングとして「キングズ・インディアン・ディフェンス」を好むのは、チェスの理論と実践にかかわる規範的評価の対象にはなるが、道徳とは無関係だ。私がブロッコリーよりカリフラワーを好むことは、ときとしてカリフラワーを注文する理由になるが、こうした理由からカリフラワーを注文することは道徳的でも不道徳でもない。行動の理由の多くは個性の表れだ。個性の表現は、規範的行動(チェスのルールや、カリフラワーの生産、流通、消費の経済学など)の一部として規制される。私の個性は行動理由に表れるが、それは他者と共通することもある。他の人もキングズ・インディアン・ディフェンスやカリフラワーを好むかもしれない。ただ、私の選好体系には必ず何らかの優先順位があり、それは誰とも一致しない。選好の特徴は個人的なもので、そこに良い悪いはない[53]。

とはいうものの、「個人的」な選好特性によって正しい行動を決定してはならない状況もある。再び「明白な道徳的事実」と呼んできたシンプルな例を使って説明しよう。個人の選好特性とは無関係に私たちがとるべき行動だ。幼い子どもが浅いプールで溺れている状況を再びイメージしてほしい。あなたは身体的に拘束されているわけでもなければ、子どもを救うために浅い水に入ることに危険を感じているわけでもない。ただ子どもを救うか、プールサイドのバーで出されたばかりの冷たいビールを飲むか、選ばなければならない。子どもを救っていたら、ビールはぬるくなってしまう。この状況では個人の選好にかかわらず、子どもを救うべきであることは明らかだ。同じことが、同じ状況にいるすべての人についていえる。子どもを救うのが「あなた」であるか否か、救おうとしているのが「その子ども」であるか否かは重要ではない。別の子どもであってもいいし、あなたと同じように子どもを助ける能力がある人なら誰でもいい。それでも行為者が溺れている子どもを助けなければならないことに変わりはない。これは道徳的善という概念と一致する。「道徳的善」は義務論的に必要なこと、すなわちある行動が可能な人であれば、誰であろうとそれ以上の状況に関係なく行うべきことなのである。

ここでいう「誰であろうと」に、動物は含まれないことに注目してほしい。犬、ライオン、ガゼルなどの動物や動物の群れにも、溺れる子どもを救うことはできるかもしれない。だが彼らがそうしないことを選んだとしても（子どもを救わず水を飲む）、道徳的善を積極的に実行せず、基礎的な道徳規範を破った、だから邪悪だとみなすことはできない。ライオンが人間の赤ん坊は言うに及ばず、仲間のライオンさえ救わなかったとしても不道徳なふるまいをしているわけではない。その理由は、人間以外の動物には行動の道徳的理由がわからないから倫理的行動をしないのだ、と考えるのが妥当だからだ。

他の動物がバカすぎて道徳的に正しい行動をとれないということではない。だが人間は人間以外の領域でも親社会的で、ある程度道徳的行動をとるというのが事実であっても、人間以外の行為者にも道徳的理由が理解できることにはならない(54)。この主張を、数をかぞえたり合理的思考ができる動物は他にもたくさんいるではないかという主張と比較してみよう。これは彼らに数学や論理学が理解できることを意味するのではない。道徳的事実の普遍性を理解するために倫理を理解できることは、道徳的行為者の前提条件だ。もちろんこれは、あらゆる道徳的行為者が道徳のエキスパートであるということではない。ほとんどの人は数学や論理学を理解できても、陸上競技のメダリストや論理学の教授になれないのと同じことだ。

しかしカントなど多くの倫理学者が指摘しているように、あらゆる道徳的行為者は何らかの倫理的知識を理解し、それゆえに道徳的事実を認識できる。つまり少なくともシンプルな事例においては、自分には同じ状況に置かれた人なら誰でも同じ理由でとるべき行動をとる責任があることを理解する能力がある。[55] 倫理的見地からいうと、溺れる子どもが自分の子どもか、宿敵の子どもかは関係ない。自分が何者であろうと、子どもが誰であろうと、子どもを救うべきである。

倫理学という科学的学問分野があるとすれば、その目的は（一）明白な倫理的事実を根拠のない懐疑から守ること、そして（二）道徳的進歩を促すため、部分的に隠れている道徳的事実を発見することだ。

特定の状況における絶対的に正しい行動というものは確かに存在する。絶対的に正しい行動とは、道徳的に正しいことをすること、そして道徳的に誤った（すなわち邪悪な）ことをしないことだ。

道徳的価値観の空間は、道徳的善（特定の状況に置かれた行為者が、どのような事情があろうとすべきこと）と道徳的悪（特定の状況に置かれた行為者が、どのような事情があろうともしてはならないこと）という両極のあいだに広がっていると考えるといいだろう。私たちがすべきことのすべてが無条件に善ではないし、道徳的理由からすべきでないことのすべてが邪悪、すなわち無条件な悪でもない。規範性には複数の異なるベクトルがある（私たちの個人的および集団的生活にはさまざまなタイプの行動理由が重複するように存在している）ため、現実の倫理的思考は多様で、曖昧で、不確実で、往々にして不明確だ。厳密な意味では、すべての行動理由が道徳的ではない。しかし道徳以外の行動理由（堅実性、有益性、法的、政治的、経済的理由など）を人間の生活に統合すると、常に道徳的側面が生じる。だからこそ私たちは重要な意思決定をする場面で、自分がどのような規範体系の影響を受けているかを吟味することが重要なのだ。

COVID-19の倫理学

もう一つ、具体的な例を挙げよう。新型コロナウイルスのパンデミックが始まった初期の頃には、誰もがさまざまな価値観の衝突を経験した。まず私が「ウイルス学的要請」と呼ぶ価値観には完全な妥当性があった[56]。いかなる状況においても命を奪うリスクのある新たな病気への感染を避けよ、という考えだ。そこにはソーシャルディスタンスを確保するため、個人的あるいは集団的措置を講じることが含まれる。一方、ソーシャルディスタンスが悪となる状況もある。たとえば小さな子どもが身体的ケアや関心を向けてほしいと思っているのに、相手が全身防護服に包まれていてそれができないといったケースだ。この二つの原則の折り合いをつけるには、感染の有無を検査し、少なくとも症状がなく検査結果が陰性のときだけ子どもを抱こうということになる。学校の閉鎖を検討するとなると、事態はさらに厄介になる。私には学校閉鎖の多くは不要で、悪とさえ思えた。他に選択肢があるのに（疫学的にほぼ閉鎖的な集団で、可能なかぎり有効なマスクを着用して授業をするなど）、積極的に子どもたちの通学を妨げるのは悪だ。リモート学習の措置がとられたというだけでは不十分だ。なぜならリモート学習は誰でもどこでも受けられたわけではなく、しかも身体的近接性を前提とする通常の社会的教育と比べて大幅に効果が低いことがわかっているからだ（訓練や学習には確実に社会的、身体的性質があるため）。パンデミックの発生によって生まれたさまざまな難題にできるだけまっとうな倫理的解決策を見つけるためには、道徳の絡む個別具体的な状況について道徳的事実を見きわめる、倫理の専門家による学際的チームを立ち上げる必要があっただろう。

もちろんパンデミックに伴う倫理的難題について、困難な選択を避ける最善の策はパンデミックを収束させることだ。医薬品（ワクチンや治療薬）の開発と分配が好ましいことで、実際莫大な資金が投じられたのはまさにこのためだ。しかしここからは医薬品の世界的分配という別の倫理的課題も生じた。それは本書執筆時点でも依然解決していない(57)。

トリアージや戦争というシナリオを避けるため、できることはすべてやるべきだというのも道徳的要請だ。しかしそれでもそのような事態に直面したら、悲劇的状況においても絶対に従うべき道徳的理由はある。たとえば拷問を避ける、戦争に勝利して和平を達成するために大量破壊兵器を使用しないといったことだ。ただ、悲劇的状況があまりに社会的に複雑で、道徳的に正しいことをしようとすれば他の道徳的規範に反したり、少なくとも制約したりすることになるケースもある。

どうしても行動しなければならない状況もある。道徳的に正しい行動が推奨されない理由、邪悪な行動が推奨される理由があるとき、たとえば戦争中に敵の兵隊を殺すことによって自分や集団の命を守る権利がある場合だ。殺人は邪悪な行為の最たる例だが、断じて善行にはならなくても容認される場面もある。すべての兵士が戦争犯罪人にはならないし、トリアージが求められる状況でリスクを分散させる決定を下した医師も殺人者ではない。

このように倫理学は行動の道徳的理由を考える学問であり、なかには道徳的に明らかなものもあれば、社会の複雑性が高い状況下で必然的に生じる解決不可能なものもある。それは科学的学問としての倫理学を諦め、行動を恣意的な意思決定や、力による交渉という意味での政治に委ねる理由にはならない。

道徳的に優れたビジネスは富を増やす

経済的価値と道徳的価値に話を戻そう。ここまでの議論で、両者がどのように結びつくか、また結びつけるべきかが明らかになったと思う。人類共通の人間性に根差し、特定の行動を推奨あるいは抑制する道徳的事実という根本原理があるならば、企業の意思決定や市場の行動は人間が行う他の共同作業と同じように倫理的検討の対象となる。

だがそれだけでは十分ではない。そこからもう一歩踏み込むと、新しい啓蒙という重要なトピックにつながるからだ。企業の目的が問題解決であり、負の外部性を容認して他者を傷つけることではないとすれば（ビジネスモデルあるいは経済システムを通じて他者を傷つけることはGDP成長など高次の善を実現するための巻き添え被害である、といった皮肉な考えをしないのであれば）「優れた事業活動（あるべき事業活動）」は道徳的善に役立つこと、すなわち道徳律に完全に従うことになる。ならば利益とは主に株主価値の増大ではなく、問題解決への重要な貢献を意味すると考えられる。そうすれば道徳的に正しい事業が豊かさを増大させ、必然的に利益を生むことが容易にわかるはずだ。これがメイヤーの説得力のある深い議論を読み解く一つの方法だ。

この点を説明するために、また二つのシンプルな例を挙げよう。大手製薬会社は新型コロナウイルスにきわめて有効なワクチンを開発し、世界の数十億人をウイルスの被害から守った。その結果、株主のために、ひいては納税を通じて幅広い国民に莫大な富をもたらしたが、それは彼らの問題解決能力と道徳的に優れたビジネスモデルの副産物だ。確かにワクチンは一部の接種者に重大な副作用を引き起こしたし、配分も不公平だったが、この事実は変わらない。

ある製薬会社が完璧なワクチンを開発し、地球上の全人口に平等に分配し、誰もが同時に効果的なワクチンを接種でき、パンデミックが自然に収束したとしよう。そんなビジネスモデルが存在したら、これまで多くの人が恩恵を享受してきたビジネスモデルよりもはるかに大きな経済的成功を収めるだろう。ワクチンにまつわる経済や政治のあり方が道徳的に完璧だったというつもりはない。むしろ完璧とは程遠い。しかしビジネスのあり方としては道徳的に賞賛に値するし、それゆえに相当な剰余価値を生み出し、それが道徳的に優れた目的に投資され、道徳的進歩と経済的進歩の好循環を生み出してきた。

二つめの事例はエネルギーセクターだ。気候変動に起因する大惨事か、あるいは優れた洞察による化石燃料主導の近代の終焉が近づくなか、どのようなものであれ今日のエネルギー問題を解決するようなビジネスモデルは先例のない経済価値を生み出すだろう。欧州連合は持続不可能なエネルギー源を、現在利用可能な再生可能エネルギーに徐々に置き換えていく「ニューグリーンディール」を検討しているが、（常温核融合というパラダイム的に）まったく新しい技術を生み出そうとするアメリカのモデルはそれに代わる完全に資本主義的解決策だ。

シュンペーターのいう「創造的破壊」に基づくまったく新しい技術のほうが、現行のエネルギー体制から別の既知のエネルギー体制への段階的移行と比べてエネルギー問題を完全に解決する可能性が高い。結末はまだわからない。実際の解決策がどのようなものになるにせよ、それは現在の産業のあり方を変えなければならないという道徳的洞察に根差した問題解決能力によって、莫大な経済的富を生み出すはずだ。そのような道徳的洞察は何十年も前から明白だったが、いまだに人類を悩ます邪悪な利害のために実行されてこなかった。

化石燃料主導の近代のビジネスモデルは今日の基準に照らすと悪であり、持続的なエネルギー生産・消費のモデルに置き換えられる。その結果、道徳的および生態学的により持続性の高いモデルが、今廃れつつあるモデルよりもはるかに大きな経済価値を生み出すようになる。これは代替エネルギーの創出、そして化石燃料セクター（これが他者や人類共通の環境を傷つけるという道徳的に誤った行為で利益を得る邪悪なシステムと結びついているのは偶然ではない）からの解放に向けたグローバルな競争の一環だ。

このようにビジネスモデルと経済システムについて現実の外部性や道徳的指針を検討するのは、道徳的価値と経済的価値をリカップリングするという規範的理想を尊重することにほかならない[58]。それはコリン・メイヤーのいう「理性的真実」、すなわち「真の利益」は全人類の経済的価値と道徳的価値を最大化するという洞察につながる。

この規範的理想は浮世離れしたものではない。ただ少し斬新なだけだ。民主的で非集権的で自由を増大させるような財の生産、そして公平な資源配分のシステムを実現するという約束を果たすために、資本主義はどのように機能すべきかという規範的枠組みを提供してくれるという意味で「未来志向」といえるかもしれない[59]。「資本主義」と呼ばれる全体的経済システムのサブシステム（たとえば特定の会社など）が規範的理想を満たさない場合には、私たちにはこうした根拠に基づいて批判し、改革を求める権利がある。資本主義は人間の解放に多少なりとも貢献した場合のみ機能するという、理性的真理に基づく目標構造を持つ改革だ。問題解決という資本主義の機能は、その道徳的正当性に依拠している。資本主義が現実的に実行可能な既知の競合システムと比べて人々の生活を悪くするのであれば、正当性を失い、最大級の市場の失敗が引き起こす社会・経済的状況によって滅《ほろ》びるはずだ。

いかに問題を解決するか？

資本主義が解決するはずの問題は、私たちの「生存形態」と「社会生活形態」の両方に関連する[60]。生存形態とは、個々の人間、およびヒトという動物の集団がただ生き延びるために必要とするものだ。資本主義は食料、医薬品、住宅などの生産と流通を組織化することによって生存問題を解決する。それも国家が定めた特定の目標構造（代議制民主主義において有権者の過半数の利益に沿うよう最適化された医療制度など）によってではなく、問題構造を変えるなど問題への新しい対応方法を発明することによって、解決する。一方社会生活形態とは、個人的および集団的想像力にかかわるもの、すなわち自らの生きる意味、極端なケースでは自らを犠牲にできるような意味を見つけるための目標設定の方法にかかわるものだ[61]。

　問題を解決するために問題構造を変えることを「学習」という。学習とは本質的にクリエイティブなもので、単に与えられた情報をかじってみることではない。単なる知識の伝達ではなく、新たな知識の創造だ。うまく機能している資本主義は、知識を生み出す。成功している企業のほとんどが研究開発部門を持ち、買い手が欲しいと思うような製品を開発するために研究活動に従事するのはこのためだ。

　ここでまた、資本主義を完全なる国家主導の政治化した経済システムに置き換えることを夢見るイデオロギー的批判勢力が声高に批判する重要な論点が出てくる。破壊的製品群が社会に送り出されることによって消費者が操られる可能性だ。自動車、スマートフォン、医薬品、武器など、明らかに社会あるいは一部の層に重大なリスクとなりそうな製品を思い浮かべるといい。そうした製品は例外なく、誰も完全には予測できない未知のリスクをはらんでいる。たとえばインターネットの発明や普及が民主主義へのまったく新しい脅威となり、人類史の行方に影響を及ぼすことになるなど、誰も正確に予想することはできなかった。だが明らかに人々の利益に沿うものしかつくられないように事前に保証すればこうした問題を防げるわけではないし、そうすべきでもない。なぜなら生存の最低条件を確保するもの以外に、確実に人々の利益に沿うものはほぼないからだ。（あらゆる政治体制において）政治家の目立った政治活動がたいてい生存の最低条件にかかわる問題に集中するのは、それがまさに万人にかかわる問題だからだ。国家が自国内の重要なインフラに責任を持つべき理由の一つはここにある。このインフラはさらに有意義な社会活動が行われる前提条件を整えるからだ。このように、国家の役割は生存の最低条件を提供し、維持することにとどまらない。重要なインフラが少なくともそれなりに整っていなければ、私たちは美術展を訪れたり、劇を上演したり、資本主義についての哲学講義をすることもできない。

資本主義があらゆる問題を解決する必要はないし、そんなことはできっこない。だからそれを目指すべきでもない。私たちが敢えて何も変えずに世代から世代へと受け継いできた問題解決活動もある。資本主義的な創造的破壊とイノベーションが生まれる状況をつくり出すために、変えてはいけないものもある。重要なインフラもほぼ間違いなくその一つで、それは市場をどう制限すべきかという議論を正当化する。だが市場を制限するという考えは、国家が生存形態の基本ニーズを超える財の生産を目標に据えることによって資本主義を克服する、という規範的理想を意味するのではない。

もちろん、この議論だけでは具体的にどの財が、どのようなかたちで重要なインフラに含まれるかという結論は出ない。住宅、鉄道システム、高速道路、病院、教育を社会化すべきか否かを判断するには、さらなる検討が必要だ。このように、ある問題を誰がどのような手段を用いて解決すべきかについては、経済と政治の関係性をめぐって永遠に議論が続くだろう。しかし規範的理想を資本主義から、生産手段の完全な社会的所有あるいは私有財産の完全廃止といった最も厳密な意味での社会主義に変えたところで、こうした議論やそれに伴う不安定さを避けることはできない。なぜなら一つの規範的理想から別の理想への極端な移行によって、経済活動のうちどの程度(すなわち、すべて)を社会全体に帰属させるべきかという概念的問題を解決できても、それはあらゆる財の政治化という耐えがたい代償を伴うからだ。これがうまくいくのは、基本的生存ニーズを満足させることが唯一の課題である社会だけだ。だがそれを上回る人間の希望が生まれた途端に、良い生活とは何かをめぐる論争や闘争、すなわち社会生活形態をめぐる対立が起きる。それは国家に解決を頼ることのできない問題だ。社会主義の規範的理想は、論争の舞台を経済的領域からイデオロギー領域へ移す。後者は正当性のある社会生活形態は複数存在し、それぞれ保護し、生産し、再生産する価値があるという自由主義的な考えを抑圧し、社会の構成員の最低限のニーズを保証するという単一の目標に還元する傾向がある。

第5章　ヒトという動物——協力を最優先する

「社会」とは、因果的に結びついた社会的取引のシステムとして最大のものを指す言葉だ。社会的取引とは、同一の種に属する少なくとも二つ以上の個体が、相互に態度を調整することで成り立つ取引を指す。人対人の態度の調整、すなわち人間の社会的取引は自己意識のレベルで起こる。「自己意識」といっても、自分自身について、あるいは自分の意識についての意識というのは二次的な意味でしかない。自己意識とは自分か他者かにかかわらず「誰か」に関する意識である。それはどこまでも社会的なものだ。私たちは自分自身を意識する前に、他の誰かを意識する。意識を自分自身の意識に調整する能力は、他者の態度を認識する能力に根差している。幼児が規範を説明する言語を理解する前に、倫理的知識を教えようとする行為から道徳律を理解することは、発達心理学的事実として広く知られている。(62)

私たちが最初に意識する他者は、母親だ。この最初の自己意識は誕生前に育つ。誕生前の人間の環境は、完全に母親の子宮でできており、それは母親の社会的行動や状況によって形づくられている。母親が何を食べ、どのように動き、どのような性質であるかといった要素が、誕生するはるかに前から子どもの遺伝的・神経的発達に影響を与える。子どもはこうして自然的（生化学的、物理的）および社会的環境に適応していく。ヒトという動物の意識は環境に適応するなかで発達していくが、そうした環境の構造は社会的取引によって形づくられる。その最たる例が生殖活動で、人間のそれは性的パートナー同士の相互の態度調整を必要とする社会的なものである。

ヒトという動物の自己意識は、社会的な自己意識だ。だからイギリスの哲学者ルーシー・オブライエンが「英語の『自己意識』という言葉が『煩《わずら》わされた自己認識』という意味でよく使われるのは、この現象の本質をとらえている」と指摘したのはまったく正しい(63)。私たちはあらゆる意味で独立した存在だが、その自己認識は社会的産物だ。これは一人ひとりが独立した存在であることを否定するのではなく、むしろその一部を成す。個々の人間は社会的ネットワークに埋没することはない。複雑な社会的関係性のなかの一つの結節点に還元されることはない。むしろ社会的関係性の一部になれるのは個人だけで、それが社会の限界を定める。その限界こそが個人というレベルであるわけだが、それは個人が社会の一部ではないという意味ではない。個人と社会の折り合いをどうつけるかという形而上学的問題あるいは政治的大問題など存在しない。個人と社会は社会的形成という概念のなかに共存している。社会的形成は相手に合わせて態度を調整する複数の個人により成り立っている。そこから新たな態度が生まれ、それが態度調整の完全な履歴をたどることができなくなるまで繰り返される。そうなると、まるでそれ自体が生き物であるかのように「思える」。社会なるものは、ボトムアップ的に生み出された社会的複雑性の頂点に位置する原因因子であるかのように。

社会的関係とは、相互の態度調整の関係だ。相互態度調整の前提となるのが、私が「異議」と呼ぶものの存在だ[64]。ここでいう「異議」とは、明確な反対意見という通常の意味ではなく、認知的立場の違いを指す。一般的に「意味」とは、場に組み込まれた対象の現象のしかただ。対象が現象する場は「意味の場[65]」である。たとえばあなたがレストランに入るとする。ウェイターがあなたを出迎え、テーブルに案内する。このありふれた場面には、何らかの役割を帯びたたくさんの対象が登場する。テーブル、料理のメニュー、他の客、飲み物、椅子、絵画などの装飾物。対象の現象のしかたには、たいていそれを提示された主体の立場がかかわってくる。あなたはあなたの視点からテーブルを見て、ウェイターはウェイターの視点からテーブルを見る。あなたが知覚するすべては、あなたが立つ位置や座る位置、メガネをかけているかいないかなど、さまざまな状況に依拠している。私たちは人生のあらゆる特定の場面で、認知的空間と社会的空間において異なる立場を占める。私たちが対象をどう知覚するかは（それぞれの視点や体勢によって）異なるし、社会的関係をどう知覚するかはそれぞれの社会的立場や役割によって異なる。この異なる立場によって、私たちは原則的に無限の多様性を持つ、さまざまな方法で現実と関わっている。人間の経験には、無限の多様性があるのだ。人間生活のこうした側面は、あらゆる社会的存在論において考慮する必要がある。これを人類学的多様性と呼ぼう。

人類学的多様性

「人類学的多様性」とは非常にきめ細かいものだ。これは人文科学と人文社会科学の両方がターゲットシステムとするもので、両者は社会を社会経済的取引（信念と欲望の変化の空間における定量的に測定可能な変化）に完全に還元できないものととらえる。

生活の質という側面を倫理資本主義に追加する必要があるのはこのためだ。ただ倫理資本主義を、単にこれまでとは違う量的指標で経済的成功を測ることに矮小化してはならない。お気に入りの小説を読んだり、メキシコの歴史と深みのある文化的多様性に触れたりして人生に対する姿勢が変わると、大きな知的喜びが得られる。それは人類の繁栄に大きく貢献するが、既知の経済的基準では測ることができない。

人間の態度調整は、必ずしも明らかな異文化との遭遇といった大げさなものである必要はない。子宮内での母と子のやり取りに見られるように、それはきわめて原始的レベルで起こる。あらゆる人の最初の社会的形成、いわば原始的アイデンティティは、子宮内で育まれる母親との関係だ。

人間の社会性にかかわるもう一つの典型的な原始的場面は、視線の向け方だ。私たちは子どもたちが自分で動けるようになる前に、身の回りの環境に存在する何かを見せたり、ほほ笑みかけたり、彼らの身体を社会的空間に向けたりして、視線を向けることで人間の生活形態を見られることを教える。このような原始的社会性は見落とされがちではあるが、重要な日常生活の一部だ。私たちは筋肉の収縮の波動、目の動き、話したり咳払いしたり囁いたりといった声の波長の変化など、基礎的な物理的力を駆使して常にコミュニケーションをとる。言語は原始的レベルか詩のような高尚なレベルかにかかわらず、いずれも社会的なものだ。メキシコで話されるスペイン語とアルゼンチンのスペイン語、ケベックのフランス語とパリのカルチェラタンで話されるフランス語、中国各地のさまざまな方言、あるいはドイツ語のさまざまな方言は、音声的レベルでも意味論的レベルでも社会的だ。同じようにきわめて多様な人間の顔の表情も、人類共通の本質を明らかにすると同時に個人と集団の差異を示している。

競争至上主義から協力至上主義へ

このようなよく知られた事実は人間の社会性の一部であり、それは異議、すなわち観点の違いに起因する相互の態度調整によって成り立っている。異議は社会的一体性の存在論的基盤であり、ドイツの有名な哲学者で社会科学者ユルゲン・ハーバーマスが主張したような、合理的に達成可能な合意という目標ではない[66]。誰もがあらゆる面で合意すれば、社会は自己破壊的な同質性の流れにのみ込まれてしまう。なぜなら私たちは個人的な行動理由という概念そのものを手放すことになるからだ。

異議は協力の土台である。私たちが協力するのは、何らかの現実的あるいは想像上の社会的アイデンティティを共有しているためではなく、それぞれ異なるからだ。社会的形成すなわち集団は、集団のアイデンティティによって形成されるのではない。同じ対象に個人がそれぞれ異なる認知を持つことで形成される。集団は共通の目標を持つことはできるが、集団に属する個々のメンバーは異なる方法で目標に貢献する。

現代の経済思想では、競争至上主義から協力至上主義への明確な変化が進んでいる。競争至上主義の概念は、（著名なイギリス人経済学者）ライオネル・ロビンズの有名な経済学の定義によって正当化できるとされる。

経済学とは目的と代替的用途を持つ希少な手段の関係にかかわる人間の行動を研究する科学である[67]。

ロビンスがこのように考えるに至った一つめの理由は、この定義の直前に書かれている。

目標を達成するための物質的手段は有限だ。私たちは楽園を追放されたのである。永遠の命も、自らを満たす無限の手段もない。どこを見ても、何かを選べば、異なる状況では手放さなかったであろう別の何かを手放さなければならない。重要度の異なるさまざまな目的を満たす手段の欠乏は、ほぼすべての人間行動に当てはまる条件だ(68)。

競争の概念は「二人以上の行為者が同じ手段を同一あるいは異なる目的のために使いたいと思うため、経済行動は基本的に競争的である」とする。入手可能な手段の不足に加えて、多くの人が同じような目的のために同じ手段(エネルギーなどの材料、サービス、そして何よりお金や仕事など)を望む可能性が高いことを踏まえると、経済行動の構造そのものが競争を引き起こし、自らの利益を叶えるための支配、抑圧、ときには攻撃的戦略というかたちでしか解決できない対立に発展することは明白に思える。

こうした概念的構造に照らすと、史上最も成功した経済システムと思われがちな資本主義が、突如としてホッブズのいう救いようのない「万人の万人に対する闘争」に思えてくる。

国家権力が勝者の強欲を抑え込み、競争というゲームの敗者を最悪の結果から守らなければ、勝者全部取りになってしまう世界。個人の目的とそれを達成する手段を選ぶ自由を制限する規範的レイヤーを追加することが、競争への渇望や承認を求める権力闘争を抑える唯一の方法となる世界だ。

そのような考えに陥るのを防ぐ最初のステップは、自由とは本質的に社会的自由であること、だから個人が自らの目的を選ぶ自由は自らの競争的で自己中心的欲求を抑制するような、社会的に複雑な文脈のなかに存在することを示すことだ。倫理資本主義の根幹を成すこの結論は、人々が追い求める価値があると思う活動の多くは社会的なものである、という考察から出発している。生殖活動、美味しい食事をとる、テニスを楽しむ、砂漠の高速道路でオートバイを飛ばす、サッカーの試合を観る、株式市場に投資して金持ちになるなど、誰もがやってみようと思う活動のほとんどは、より大きな社会的形成のなかで既知の他者と一緒に行うか、あるいは未知の他者の協力がなければ成り立たない。自由が社会と対立するものであるなら、それは共通の社会的慣習という背景のなかで間接的にしか意味をなさない、おおよそ無意味な活動になるだろう。

結局のところ、語源的に考えると「プライベート」とは「公的ではない」という否定語である（ラテン語の「privare」は「奪う」という意味だ）。私的領域は公的領域の重要な一部だ。それは監視も保護もされない人間の活動で、それによって社会の機能そのものが維持される。だがもちろん私的活動とは、社会のルールに反するような個人の自由の行使ではない。

結論を言うと、他者は自分の実存的営みを制限する、だから「地獄とは他人のことだ」というジャン＝ポール・サルトルの名言は間違っている。[69] 他者とともに存在することは、個人が望む価値のある自由を手にする唯一の方法だ。それゆえに自由と社会は、現実的にも概念的にもまったく対立しない。自由であるとはさまざまな選択肢から選べることであり、そうした選択肢のほとんどは他者が提供する。厳密な意味での反社会的、あるいは前社会的状態では、私たちは選択をしないし、できない。こうした理由から、自然状態というものは存在しない。人間は善でも悪でもなく、ただ本質的に自由である。つまり社会的自己意識という条件の下で、自らの具体的行動を決定できるのだ。

社会の複雑さと自由

ここまで私は、社会とは因果的に結びついた社会的取引のシステムとして最大のものを指す言葉だ、と強調してきた。社会が存在すること、そして社会的取引の構造が一つひとつの取引を通じて変化していくかぎり、社会が内側からも外側からも変化していくことはわかっている。しかし社会を俯瞰する方法はない。社会のなかで重複し、交錯するさまざまなネットワークの複雑性のために、社会はあらゆる観察者や参加者にとってどこから見ても不透明だ。東京の細かな社会的ディテールをすべて把握することを想像しただけで、ある午後に東京という限られた空間で起こるすべての社会的活動を完全に理解し、予測することなど誰にもできないことはすぐにわかる。交通渋滞を予測するモデルはもちろん、最近ではパンデミックの広がりを予測するモデルも決定的なものができなかった一因はここにある。

社会の複雑性の一部は、自由に起因する。社会の構成員は意思決定をする。私たち一人ひとりが、一日のうちにたくさんの決定を下す。何時に起きるか、朝食に何を食べるか、地下鉄で何を見るか、何を読むか、誰のことを考えるか。日々の意思決定のスケールはさまざまだ。原始的な身体的動作に関するものもあれば、自分が何者になりたいかという高い次元の検討もある。それぞれの意思決定は、いくつも選択肢があることを前提としている。だから私たちの選択はシンプルなものでもなければ、刺激に対する原始的反応でもない。それぞれに歴史、社会的前提条件、神経的あるいは他の身体的必要条件などがあり、誰のものであろうと一つの判断を完全に分析し尽くすことは不可能に近い。分析には生体の神経構造を神経科学的に理解する必要があるが、そのような技術はおよそ実現にはほど遠い。

私たちのすべての判断は、自分では選択できない、むしろ私たちの代わりに選択する決定要因のシステムによって再構築できるという考えは根拠のない、控えめにいっても現実味のない話だ。ついでに言えば、私たちの神経細胞のつながり方さえも、すでに人間と人間の共有環境（またしても子宮の話！）における社会的相互作用の産物であることを指摘しておこう。それゆえに神経生物学的事実によって、神経細胞が自由な選択という幻想を条件づけることで私たちを不自由にしていると証明できるという主張は誤っている。

社会はまちがいなく存在するが、社会という概念はあまり参考にならない。そして資本主義社会、共産主義社会、デジタル社会、ポストモダン社会など、単一のテーマで統一された社会が存在しないことも確かだ。社会のなかで起こるあらゆるディテールを説明できる包括的な概念構造は存在しない。流行り言葉か何かで今日の問題や機会をひとまとめに診断してしまうことがどれほど魅力的であっても、社会はどうしようもなく複雑で、多様だ。

社会とは不可解なひとつの大きな塊で、私たちはそのほんの一部に過ぎないと考えるのではなく、私が「社会的形成[70]」と呼ぶ、より小さな社会システムがたくさん集まってできていると考えるべきだ。家族、友人の集まり、職場、マンハッタンの芸術界、ロンドンの不動産業界、クレムリン、京都の神社仏閣、ＮＡＴＯ本部などはそれぞれ社会的形成といえる。社会的形成は、社会全体よりも低いレベルであれば構成員の数に限りはないが、数十億人に達することはまれだ。

ウイルス学的要請

最近のパンデミックはほぼ最大級の社会的形成となった珍しい例だ。社会とほとんど重なりそうになったため、私たちはほんのひとときだけ、現実にグローバル社会の出現を目の当たりにした。おそらく新型コロナウイルス・パンデミックへの人類の対応は、現在生きている人間（ほぼ）全員が同じときに同じ活動に従事した人類史上初の事例だろう。具体的には全人類にとって命取りになりうるきわめて有害な病原体の野放図な拡散を防ぐ方法を見つけ、実行しようとした。その過程で潜在的な危険性を秘めた社会的形成が誕生した。

そのプラス面は「ウイルス学的要請」であり、マイナス面は私が「衛生主義」と呼ぶものだ。プラス面は、感染者数を抑える、人口のうち感染リスクの高い層を保護する、ワクチンや治療薬を見つける、社会政治的措置によって脅かされる産業部門での雇用を保護するために莫大な財源を動員する、といった目的のために、最大限の協力的努力がなされたことだ。

しかし数カ月も経たないうちに、この最大限の協力的努力を動かしているのは、「道徳的に正しいことをするためには、先例のない社会経済的リスクを取らなければならない」という倫理的洞察であることが明らかになった。ただこの洞察には予想外の副作用があり、それが予測不能、制御不能な弊害を引き起こした。たとえば厳格な国境管理や学校の閉鎖は本質的に不道徳で、多少なりとも開放的だった国境政策や教育への権利をもたらした過去の倫理的洞察を覆す結果となった。ウイルスの拡散を防ぐために実施された措置は、道徳的に完全に容認できるものではなく、とりわけ人類が協力して解決すべきさまざまな格差を生み出し、深刻化させた。

グローバルなヒトとモノの流通は、生態学的政策という見地からは問題があるものの、私たちに真の文化的多様性を意識させるというプラスの効果もあった。それはメディアの見せる、たいていはうっすらと（ときにははっきりと）国家主義的《ナショナリスティック》な、あるいは別の意味で自己都合的な道徳のシミュレーションや公的なデモンストレーションのような昨今流行の多様性とは大幅に異なっていた。(71)

地球上のいかなる公衆衛生システムも国家主導のパンデミック政策も、パンデミックとの闘いにおいて私たちが互いに負っている責務について徹底的な倫理的検討を尽くしたうえで、パンデミックの各段階において他の選択肢よりも倫理的といえる手段（国家として何の対策も実施しないことを含めて）を選んだのではない。この事実について、語るべきことはまだまだあるのは明らかだ。ウイルス学的要請と、教育的要請（すべての子どもは物理的に学校に行って教育を受け、他の子どもと交流することを認められるべきである）、あるいは国境の開放政策（特定の国民国家の人々に危害を加える意図を持たず、むしろそこにいることで何らかの豊かさをもたらす者はすべて国境通過を認められるべきである）との折り合いをどうつけるか（これらはパンデミックにかかわる倫理的要請のほんの一部に過ぎない）という解を探り当てていれば社会経済的結果ははるかに良いものになっていたはずだが、そんなことを試みた国家の当局者はほとんどいなかった。

こうした文脈に照らすと、ワクチンや治療薬などの医療品の開発や製造が結局のところ、人類の選ぶことのできた倫理的問題の解決策として最善のものだった。自由市場は、パンデミックの倫理の方程式を解いてみせ（変数が多すぎて数日あるいは数週間単位でおよそ解けるものではない）、国家当局に道徳的に正しい政策を実施する動機づけを与えたのではない。爆発的な感染者の広がりによって獲得された自然免疫を補完する人工免疫を生み出す手段を提供するという、少なくとも問題の緩和に必要なモノを生み出すかたちできわめて倫理的な問題を解決したのだ。

非常に効果的なワクチンは、パンデミックが人類を襲ってから驚くほどの速さで開発された。また流通に倫理的な問題もあったものの、結果として国家の採った対策が招いた意図せざる巻き添え被害の経済的影響を緩和した。ドイツではビオンテック（ファイザーとともに現在のところ最も効果的なコロナワクチンを開発した）が拠点を置く都市や州が税収を通じて莫大な富を手にし、市民やインフラに恩恵をもたらした。それは今後も景気の改善につながっていくだろう。もちろん国家もさまざまなかたちでワクチンの開発と製造を支援したが

（たとえば製薬会社に役立つ重要な知識を生み出す大学教授に給料を支払うなど）、先進工業国におけるパンデミック問題の解決は、社会主義の資本主義への勝利を示すどころか、むしろその逆である。

それは自由市場が競争的で、利害の衝突を経て見えざる手によって最善の結果が導き出されたためではない。ワクチン開発の場合、アメリカ、ドイツ、イギリスなどの豊かな先進工業国が人類全体の倫理的問題を解決することに関心を持ち、持てる科学的・経済的手段を総動員して協力したことで、国家主導の倫理的解決を阻んでいたさまざまな社会勢力のしがらみが解消した。望ましい結果につながった協力の多くは経済的利己心ではなく、倫理的難題を解決することへの関心に基づいていた。この関心自体が倫理的動機に基づいており、実行に移すには大規模な協力が必要だった。

「邪悪な協力」もある

とはいうものの、利己的な遺伝子をばらまく強欲で利己的な存在というホッブズ的あるいはネオ・ホッブズ的な自己像を、もっと協調的な自己像に置き換えさえすればいいではないか、という現在広まりつつある考え方は、それ自体で資本主義の批判勢力が指摘している倫理的あるいは人間的欠点を解決するものではない。「私たちはロボットや利己的なケダモノではなく、合理的計算や自己利益に優先する道徳律を持つ道徳的生き物である」[72]というハーバード大学の法学教授ヨハイ・ベンクラーの言い分を正当化するためには、人間は「社会的生き物である」と主張するだけでは不十分だ。

ベンクラーが著書『協力がつくる社会——ペンギンとリヴァイアサン』のなかで、利己的な遺伝子という概念やヒトという動物に関する細胞生物学的事実によって、明らかに道徳に反する行動や反社会的衝動全般を正当化できるという考えを批判しているのは正しい。しかし、それは協力こそヒトという動物を自然淘汰という原始状態から解き放つ特効薬であるということの証明にはならない。強いていうなら、原始的、前道徳的な利己的な自然人は間違っていることを示しているだけだ。しかし本能的であるがゆえに必然である、人間という主体の社会性を示すことは、結局のところ人間行動の「説明的記述」を重ねることに過ぎず、倫理資本主義の「規範的」基礎を示してはいない。ちなみにベンクラー自身もこう書いている。

「善」と「協力的」は常に同義語ではない。むしろ人間がこれまで人間に対して行った最も残酷で非人間的行為は、きわめて「協力的な」人々によって実行されてきた。[73]

この単純な理由から、私たちは「協力の生物学的限界」[74]についてだけ語るのではなく、「利己的競争」対「社会的善という共通概念に基づく利他の可能性を秘めた協力」という経済的二項対立を通る概念的迂回路《うかいろ》はまやかしであることを認識する必要がある。利己心と協力の対立は、常に道徳的対立とは限らない。道徳的に正しい利己的行動もあれば、邪悪な協力もある。

それと同時に、社会的種であるヒトという動物の協力的性質を理解するのは、人間の行動は何らかの動機（利己的か真に利他的かにかかわらず）から生じるだけでなく、価値観の実在性に組み込まれていること、その価値観のなかにはこのうえなく道徳的なものもあることを理解する重要なステップだ、という考えも正しい。協力的で社会的であるというのは、善から悪までいろいろな幅のある道徳的価値観が表れる必要条件ではあるが、十分条件ではない。

社会的構築がすべてではない

議論の次のステップは、規範は協力的コミュニティで認識されるだけでは拘束力を持たないと理解することだ。ある社会集団あるいは社会的形成が特定の行為を社会的善とみなす（集団あるいは社会的形成の利益に沿うように社会の一体感あるいは問題解決に寄与する）

という事実は、それに関連する倫理的状態とは概念的に異なる（コミュニティ自体が認識と実態が乖離する可能性を認識しているかはともかく）。規範のなかには、確立された認識のルールを超越する可能性によって拘束力を持つものもある。一番単純な例は、人間の思考や主体性とは何のかかわりもない命題の正しさに関する規範だ。たとえば太陽の年齢といった天体物理学的命題の大部分はそうだ。太陽の年齢は私たちが正しいと認めるから正しいわけではない。太陽がいつ生まれ、将来いつ消滅するかなど誰も考えなくても、太陽の年齢は変わらない。

そのような意味で、人間の見解（見解がない場合もあるが）とはまったく無関係に確立される事実を、私は様相的な堅牢性が最も高いとみなす(75)。それと対極にあるのが様相的な堅牢性が最も低い事実だ。個々の人間の思考あるいは主体に認識されることで獲得される事実、たとえば痒《かゆ》みだ。私が痒みを感じると、痒みの獲得と私の認識が同時に起こる。多くの社会的存在論者、すなわち社会的なものの構築のありように関心を持つ理論家の多くは、社会的事実のなかには集団によって認識されることで獲得されるものもある、と主張してきた。これは社会的役割についてはそうだ。誰かに認知されなければ、あるいはその役割を占めているとみられなければ、誰もその役割を占めることはできない。

『となりのサインフェルド』というすばらしいコメディは、社会的規範のこうした特徴を最もよく表している例のひとつだ。シーズン9のあるエピソードで、ジョージ・コスタンザ（番組の主要登場人物）がガールフレンドに別れを告げるが、相手に「ノー」と言われる場面がある。ガールフレンドの反応に当惑したジョージは、なんとか別れを受け入れさせようと策を弄する。まるで別れるには当事者全員の承認が必要であるかのように。ここからわかるのは、人間の非公式な恋愛関係は当事者同士がそれを認めることで存立するが、それと同等に社会的事象である別離はそうではないということだ。

　社会的事実を認識することがその構築に重要な役割を果たすという洞察が、特定の事実（少なくとも社会的事実）は社会的に構築されるという主張のカギを握ると考える理論家は多い。ここでいう「社会的構築」とは、社会的事実は関係する集団の人々がその存在を認めて初めて存在するという考え方だ。通常こうした理論家（カリフォルニア州立大学バークレー校の社会理論家、ジュディス・バトラーやジョン・R・サールなど）が例に挙げるのはジェンダー、通貨、結婚、洗礼、あるいは政治家としての地位だ[76]。こうした社会的構築論者に言わせれば、一〇〇ドル紙幣とそれと交換しうる財の関係をつかさどる交換価値が、全国民による承認行為の複雑な網の目から生み出されるものであるというのは、自然物としての一〇〇ドル札に一〇〇ドルの値打ちなどないという事実からほぼ自明であるとされる。剰余価値に関するマルクス主義理論との関係を陰に陽に示しつつ、社会構築論者は紙幣の交換価値、ひいては市場における財の価格は、社会的関係すなわち承認行為の表れであると考える。誰もがドル紙幣のありのままの姿を見たら、つまり誰かが絵と言葉と数字を印刷した紙きれとして見たら、そしてそれ以上の価値があるという前提（ブロードウェイのチケットも同じだ）を拒絶したら、貨幣の魔法は消滅する。

だがよく考えると、これは構築主義理論のきわめて重要な構成要素から導き出された、まったく非現実的な思考回路である。この構成要素とは法などの社会制度だ。社会制度は認識のような社会的に形成された態度表明の分布をそのまま表したものではない。むしろその逆で、社会制度は私たちの社会的・心理的態度の恣意性や偶発性を抑える役割を果たす。だからこそ規範性の支えとなるのだ。

アメリカで九〇年代に一般的だった非公式な恋人関係において、別れを拒絶できるものと考えていたジョージのガールフレンドは、単に間違っていたのだ。誰かに別れを告げられたとき、「ノー」と言うだけではそれをなかったことにはできない。つまり別れを受け入れないのは、極端にいえばストーカーという別の社会的役割を引き受けることを意味する。交換価値のきわめて複雑な歴史の一時点で一〇〇ドル紙幣の価値を認めない行為が、その紙幣の実際の交換価値を損なうことはまったくない。アメリカのトランプ前大統領、ブラジルのボルソナロ前大統領が落選を認めなくても、他の社会制度（軍など）が制度上の秩序を覆して別の秩序を打ち立てようとしないかぎり、彼らが大統領に復職できないのと同じことだ。今存在する規範的秩序を否認することは、秩序の不在ではなく、社会変革につながる。

私たちの議論において重要なのは、そのような社会変革は必ずしも良いもの、肯定的なものとは限らないという点だ。社会変革には良いものと悪いもの、つまり進歩と後退がある。社会変革が進歩か後退かは、変革そのものを見ているだけでは判断できない。社会変革は社会的なものの偶発性という概念を本質的に超越した、別の規範体系によって評価される。これもまた『となりのサインフェルド』で何度も描かれている。主要登場人物は倫理的問題を、歴史的に偶発的なものとされてきた純粋な社会的出来事に矮小化することで、道徳的成長や洞察を避けようとする。

いわゆるアクティビズムが進歩への道筋であるかのように、いわゆる社会的活動をなんでもかんでも道徳的進歩とみなそうとするのは誤りだ。昨今の社会的および地政学的対立から学べるように、世界を良くするアクティビズムもあれば、悪くするものもある。トランプ主義者やボルソナロ主義者のアクティビズムを悪とみなす一方、「地球を救うため」グローバル社会に移動手段を変更させせようと、ドイツのインフラに攻撃を仕掛ける気候運動家を善とみなす価値判断を、ヒトという動物の性質や自然そのものに関する主張から導き出すことはできない。これは特定のアクティビズムの「自然」とのかかわりの深さに基づいて、それを進歩的で善とする考え方の重大な欠点を示している。後退的ポピュリズムも進歩的ポピュリズムも、自分たちは国民を理解し、代弁していると主張することよりも、自然を理解し、代弁していると主張することで誤りを犯しているのである。

この議論の結論は、倫理的意味での善は、社会的（つまり協力的）善や、人間の強欲と主体性によって破壊されたとされる自律的・持続的環境（まるで自然に反する行動によって自然を超越する方法というものがあるかのようだ）という広い意味での自然的善とは同一ではないということだ。

もっとも、自然科学、生命科学、あるいは記述的社会科学（経済科学のほとんどはここに属する）が「そこにあるもの」を記述、説明するだけで、「本来こうあるべきもの」には見向きもしないと言うつもりはない。むしろその逆で、自然科学、生命科学、あるいは記述的社会科学は「本来こうあるべきもの」を扱うことも多い。なぜなら人間および人間以外の現実は規範的枠組みに組み込まれており、人間および人間以外の主体はたいてい本来やるべきことをそのまま実践する。私が書いているこの文章を理解できる年齢の人なら誰でも、他者から愛、いつくしみ、教育訓練を受けたことがあるだろう。それを鑑みても、「ホモ・サピエンス」という親社会的哺乳類の協力的性質は常に道徳的善を表している。そして私たちがこうした良きものを受け取った状況は、親や教師、友人によってトラウマを受ける者がいないように道徳的に十分安定していて、善なるものを表していたはずだ。言葉を換えると、プーチンやその取り巻きのような邪悪な人間たちの協力でさえ、ひたすら完全なる悪行に従事するのではないことを前提としている。エマニュエル・マクロンも最近あるインタビューで、プーチンについて「矛盾することを言うようだが、彼は不愉快な人物ではない」と語っている[78]。プーチンでさえ、ウクライナや彼の権力下にある他の人々には向けられないだけで、道徳的に正しいふるまいをすることもある。そうでなければ生き残れないだろう。

こうした理由から、自然科学、生命科学、記述的社会科学は道徳的に正しい行動を記録できるという意味で、道徳は自然のなかに根拠を持つ。したがって私たちは観察するという立場を超越し、たとえば観察するのではなく行動するという価値領域に移動することによって初めて道徳的事実を認識できるというのは、道徳的事実の本質的特徴ではない。

道徳は自然に根拠を持つが、この根拠と同一ではない。人間には人体があり、それゆえに自然に根拠があるものの、人間と人体が同一ではないのと同じことだ。道徳は自分自身、自分の子孫、自分の部族、そしてときには人間という種を守るというシンプルな進化の原則から始まる。しかし、私たちは容易に道徳の範囲を広げ、他の種、環境、さらには生存という進化上の必須条件とは矛盾するようなさまざまなものまで対象に含めることで、こうした原則を超越する。人間は他の人々を守るために自らの命を危険にさらし、戦時下では他者を守り、ときには道徳的根拠に基づいて他者を攻撃しなければならないと考えたりする。ここに挙げたような行動を、自然科学的に完全に説明することはできない。

人文科学の目的はこのメタ倫理的洞察（倫理学は自然科学と同一ではないということ）を詳しく説明するだけでなく、道徳的判断のヒューリスティックス〔発見的手法。厳密な論証によらず直観や経験則から答えを導くこと〕を集めることでもある。だからこそ、どうすれば道徳的事実を知ることができるか、という問いに答えるうえで中核的役割を果たす。人文科学についてのこのような認識論的位置づけは、資本主義やその科学技術的・経済的基礎、あるいはイデオロギーの批判や拒絶という文脈において生じるのではない。だから最も重要な主張をおさらいすることで、この考察を締めくくりたい。

最も重要な主張は、私たちは人間の主体性のなかに道徳的善（およびそれと対をなす悪）を観察できる（そして観察すべきである）ということだ。今や経験的にほぼ裏づけられている協力的生き物という人間の自己像が、道徳的進歩に寄与するという経済学、自然科学、生命科学の主張は範疇誤認ではない。人間の協力的性質や生態学的帰属に目を向けるのは、なぜ道徳的行動が真の利益と経済的成功の基礎となるかを理解するために、私たちが語るべきヒトという動物としての人間の物語の一部だ。市場や国家は純粋なエゴイズムや利己主義がもたらす非情な結果を緩和するようにできている、という誤った考えに固執すると、市場や政治的関係における人間という主体の実際の行動を誤解することになる。それは私たちの行動にも影響を及ぼす。なぜなら誤った自己認識は誤った経済モデルにつながり、それが政策立案の参考にされたり、ビジネススクールなど教育システムを通じて経営に影響を及ぼしたりするからだ。こう考えると近年の経済学および生命科学における協力的および生態学的転回は、倫理資本主義とそれがもたらす新たな社会経済的取引は理想主義的観点から望ましいだけでなく、すでに現実のものとなっているという結論に到達するために必要なステップといえる。いわゆる理想論やそれが描き出す抽象的なユートピアではなく、現実主義こそが経済活動を、私たちが身を置き、ともに生み出す現実とより完全にリカップリングさせるために切実に必要とされている改革への道である。

第6章　道徳的進歩と持続可能性

産業革命以来、化石燃料が主導してきた近代化の過程で、人間の生活形態のさまざまな側面が危険で危機的な二元論に分裂してきた。とりわけ私たちの社会的想像力をとらえたのが、人間と社会の進歩は科学技術の進歩に還元できるという考えだ。これがフランス革命後の新たな政治的支配層にとって魅力的に映った理由は、一八世紀の啓蒙主義の基本的前提、すなわち人間は究極的には欲望で動く機械であるという考えにある。人間の基本条件をこのようにとらえると、一人ひとりの人間には多かれ少なかれ自らの生存と物質的豊かさへの利己的利益があり、政治生活の役割はそうした利益を叶えることにある。要するに、人間の条件について物質主義的認識が支配するようになったのだ。その結果、経済的進歩と科学技術的進歩は、徐々に道徳的進歩から乖離していった。

この結果今日に至るまで、非物質的資源についてはさほど考えずに、ただ資源の分配と再分配に関する経済戦略のみによって社会を運営していくことができると多くの人が信じている。しかも初期の啓蒙主義者の多く（決してすべてではないが）が抱いていた唯物主義的、技術主義的世界観は、人間を人間以外の自然から切り離し、自然を人間が物質的幸福を得るための資源領域ととらえている。自然は物理法則に従う巨大な意味のない機械なので、人間はそれを資源として狭義の経済生活に利用してよいのだ、という発想だ。

私たちが生きているのは、このような自然に対する考え方や、そこにおける人間の立場についての考え方が終わりを迎えつつある時代だ。唯物論的で技術主義的な世界観は地球という生態系における人間の力や重要性を過大評価していたことに、私たちが気づいたのが大きな理由だ。残念ながら、今日惑星的限界を尊重する政治的生態学を求める人々でさえ、人間の力を過信している。私たちが生きているのは、人間が地球における唯一最大の地質学的決定要因となった時代という意味での「人新世」ではない。人類が史上最も強力で、それゆえに自己破壊的な存在になったとはいえ、自然の運命が人間の手中にあると誤解すべきではない。むしろ私たちは、化石燃料主導の産業的近代化による予測不能な結果を自然から突きつけられている。

こうした理由から、今日多くの思想家が新しい啓蒙を呼びかけている。フランスの哲学者、コリーヌ・ペリュションはそれを「生きるものの時代の啓蒙」と呼ぶ[79]。この新しい啓蒙とは、近代化の過程で二元論に分裂した人間の生活形態の側面を再統合することを目的とする統合的調和だ。危険な二元論の一つが、経済と倫理の対立だ。両者をリカップリングするためには具体的改革が必要であり、またそれが単に原則的に可能というだけでなく、人間が道徳的善行から利益を得て、悪しき秩序の担い手となる可能性を抑えるためには不可欠であるという強い信念が必要だ(80)。

ここまで「新しい問題解決の方法を生み出すこと(すなわち目の前の政治的要請に束縛されない創造的学習)によって相互扶助に寄与する」という道徳的価値と本質的に結びついた経済的剰余価値生産のあり方を考えることで、道徳的価値と経済的価値をリカップリングすることは可能であるし、そうすべきであると主張してきた。資本主義は国家の安定(民間の生産手段の所有者には提供できない重要なインフラ)に依拠し、また国家の安定は資本主義に依拠している。国家だけでは社会における生活の形態が複数存在するという問題を解決できないからだ。社会における生活の形態はそれぞれ異なる問題を抱えており、異なる商品に関心がある。二つの価値を統合的調和へと結びつける三つめの要因は、倫理的洞察の源、主体、根拠としての人間だ。

この考えをさらに具体化するために、イマヌエル・カントが『実践理性批判』のなかで展開した「最高善」の概念について論じたい(81)。道徳的進歩はどのように起こるのか、また学問領域としての倫理学と経済学はそこにおいてどのような貢献ができるかを理解するためには、新しいかたちの道徳的実在論が必要である、というのが私の主張だ(これはカント自身もある程度予想していた)。

これを起点に「持続可能性」は聞こえのよい現代の流行語などではなく、人間が生きる意味を見いだし、実現するための条件を改善するという意味で、人類にとって最も重要な価値観のひとつであると主張していく。こうした条件を何世代にもわたって改善していくうえでは、持続的なバリューチェーンやインフラを構築することが前提となる。

バリューチェーンが私たちが動物として生きるために必要なもろもろに関係していることを考えると、私たちは他の人間に対して何らかの責任を負っているだけでなく、密接にかかわるいわゆる自然の他の要素にも責任を負っていることになる。この考察は、きわめて大胆な、真に楽観的な主張で締めくくるつもりだ。具体的には道徳的価値にかかわる事実と経済的繁栄の「予定調和」に関する主張である。歴史家のウーテ・フレーフェルトが最近、私の見解の一部を倫理学と経済学の交差点に位置づけたが[82]、まさにそのとおりだ。

こうした考察は、最終的には資本主義の概念、ひいては倫理資本主義の概念を、望ましい社会経済的構造の新たな概念、マーガレット・リーヴァイとフェデリカ・カルガティのいう「新たな道徳的政治経済」によって置き換える必要がある、という私の主張の根拠となるものだ[83]。この新しい社会経済的構造は、道徳的価値と経済的価値、人間と人間以外の自然、個人と社会の意識、自由と社会、市場と国家をリカップリングすることで自らを明確化し、実現する、新しい啓蒙の成果であるべきだ。リカップリングによってまず、人間存在の構成的側面が両極化された、そしてさらなる両極化を煽るような二項対立の欠点を克服する。そのうえで対立軸がそれぞれ妥当なものとなる中間地点があることを示す。簡単にいえば、これは啓蒙の弁証法ではなく、啓蒙された弁証法の実践だ。

「道徳的事実」の正しさ

道徳的成功と経済的成功のリカップリングという最高善の土台を整えるため、少し違った角度からいくつかの定義や概念的説明をおさらいしよう。私たちが（多少なりとも意図的に）行うことの多くには、それを行う何らかの理由がある。私たちには特定の行動につながる興味、選好、動機があり、それらはいずれも行動する理由となる。行動の理由はさまざまなかたちの規範的評価の対象となる。ある人のふるまいは、経済的、審美的、社会的、法的、認識論的、そしてなにより道徳的観点から評価できる。私たちの行動には、儲かるものや高価なもの、美しいものや醜いもの、親しみやすいものや失礼なもの、合法的なものや犯罪的なもの、本物や偽物、良いものや悪いものがある。もちろん、私たちが行動を評価する次元は、ほかにもたくさんある。私たち全員が生きる規範的空間は、私たちが今想像できるものより大きく、複雑だ。そこには異なる文化に生き、異なる言語を話し、異なる伝統に従い、異なる自然環境に組み込まれている数十億人がかかわっている。

本書の冒頭で、倫理学は道徳的事実の性質、範囲、詳細を探求する哲学の一分野であると述べた。ウクライナに武器を送るべきか、そもそも戦争を始めるべきか。ウイルス感染の連鎖を止めるために学校を閉鎖すべきか。肉食をやめてヴィーガンになるべきか。人種差別主義者とどのように対話すべきか。安楽死を認めるべきか、認める場合はどのような条件を付けるべきか。売春は違法にすべきか。労働力が疎外され、有限であるこの世界で、人間の尊厳を守るためにベーシックインカムを導入すべきか。このような倫理的問いはいずれも完全に意味があるもので、認知的回答を期待するのが当然だと私は思う。認知的回答とは「私たちは○○すべきである／すべきではない」(○○には何らかの行動が入る。たとえば溺れる子どもを助ける、税金を引き上げる、労働者の賃金を抑えつつ自動化を進める、など)という形態をとる答えだ。

道徳的事実は特に要求が大きいものとみられることが多い。なぜなら次のようなかたちで無条件の妥当性を持つからだ。「もし私がほかならぬ道徳的根拠から○○をすべきとき、同じ立場にあるすべての人(そしてその行動によって影響を受ける立場にある人)も同じ理由から○○すべきである」

総じて私がここまで書いてきたことは、ある種の道徳的実在論へのコミットメントだ。それは要約すると、道徳的事実、すなわち私たちは何をすべきか、何をすべきでないかという倫理的問いに対して共通の人間性に基づく正解が存在するという主張だ。それによって私たちは互いにどのような責任を負うかが明白になる。

哲学者、とりわけいわゆるメタ倫理学者はこの点について、認知主義と実在論を区別する傾向がある。「道徳的認知主義」とは倫理的命題には真偽値がある、すなわち真か偽であるという考え方であるのに対し、「道徳的実在論」は通常、倫理的命題の真偽は個人、文化、言語、理論、社会に依存しない事実に依存するという追加的主張と結びついている。上記のような道徳的真実（溺れる子どもを救うことは善で、子どもたちに向けてミサイルを撃つことは悪である、など）には、個人あるいは文化に直接的に依存する兆候が見られないことから、人間の社会性にかかわるこうした厳然たる事実の立証責任はこれらが道徳的事実であることを否定する理論家の側にあると私は考える。だからこれ以上この考え方を弁護するのはやめ、読者のみなさんと私の考えは一致していると信じることにする。

ここまで考えると、道徳的実在論の支持者も批判者も同様に、私たちはどうすれば道徳的事実を知ることができるのか、と問う。別の言葉でいうと「ヒューリスティックス」を求めるのだ。明らかな道徳的事実の多くは、それをわかっていることを否定すること自体、言語道断だ。私はこれを、私たちの現実経験は本質的かつ必然的に価値観を伴うものであるという人類学的、人間的事実の証拠だと考える。すでに述べたとおり、これは間違いなく私たちが世話、愛、いつくしみ、支援がなければ自力で動くヒトという動物にすらなれない親社会的哺乳類であるという生物学的、進化論的ルーツに根差している。しかし道徳的主張や要請は、人間の生存欲求や基本的な生物学的選好をはるかに超越する。

たとえば私は、奴隷制度、ゼノフォビア（外国人嫌悪）、人種差別、女性蔑視は道徳的に誤っており、きわめて邪悪でさえあるというのは道徳的事実だと考える。このためフェミニズム、ジェンダー研究、歴史学などに基づく解放的知識は、他の親社会的種には見られないような大規模な行動変容に寄与することができる。たとえばボノボやライオンは、確かに親社会的な、道徳的とさえいえる行動を見せる（自然とは、容赦ない生存と支配の闘争のなかであらゆる動物が他の動物を食べる、ただの忌まわしいゲームあるいは巨大な食物連鎖ではないことを示す証拠はたくさんある）。しかしボノボが群れの支配者であるオスを排除してジェンダー平等のルールをつくることはなく、ライオンがベジタリアンに宗旨替えしてガゼルに穏やかな生活をもたらすこともない。

倫理学のヒューリスティックスに欠かせない要素

とはいうものの、すべての道徳的事実が自明どころか、明らかでもない。未解決の倫理的問いはたくさんあり、倫理学は完成にはほど遠い。未解決の倫理的問いが存在する理由の一つが、社会の複雑性だ。ここでいう社会的複雑性は、社会学者にはおなじみの現象だ。なぜならそれは社会学的システム思考において中核的役割を担うからだ。私たちは人生のあらゆる瞬間において、いくつもの社会システムの一部である。それは社会的役割が常に変化することからわかる。私たちは母親、友人、大学教授、市民、有権者、ワインを飲む者、泳ぐ者、仏教徒、講演者などさまざまな役割を担い、それぞれに期待、伝統、規範、概念、人間の自己像の要素がある。しかもこうした役割や期待の細部は、文化や時代によって変化する。変化は短期間で起こることもあれば、時間がかかることもある。すべての構成員にそれぞれの社会的役割にふさわしい明確な台本を提供するような均質な文化など存在しない（言語の壁や政治的主流派の保守性といったさまざまな要因から、まれに見る均質的な社会である日本も含めて）。その基本的理由は、私たちは今もこれからもずっと自由であるということだ。私たちの社会的アイデンティティを構成する社会的形成がどれほど緊密で保守的であっても、それは変わらない。

　ここで人文科学と社会科学の出番となる。倫理学の観点に立つと（ここまでずっとそうしてきたが）、人文科学や社会科学は倫理学のヒューリスティックスの一部と考えることができる。とりわけ人文科学は、人間の自己像の豊かな歴史的（通時的かつ共時的という意味）

バリエーションを研究する学問分野ととらえることができる。その伝統的呼称が正しく示唆するように、人文科学は人間の自画像の構造、すなわち人間が個人と集団のレベルで人間としての自分をどうとらえているかを研究することで、人間の存在、あるいは人間の生成（human becoming）や共生（human co-becoming）日本の哲学者、中島隆博の表現）と向き合う。[84] 人間は現実のなかに見いだされる所与の存在ではなく、自然の他の部分と絡み合う、社会的に組織された自己決定のための歴史的に開かれたプロセスなのだ。

対照的に社会科学は、社会的形成の構造と発達をとらえるためのモデルや理論を構築することを通じて社会システムを研究する。[85] 私たちはここまで社会的形成を、暗示的あるいは明示的な人間の行動調整によって生成・維持されるシステムと考えてきた。実際、人間が大切にする事柄の多くは、他者と一緒でなければ達成できないことであり、それが社会科学が研究対象とする社会システムを生み出す。

人文科学は人間の自己認識の展開と深い差異を研究する。著名なカナダ人哲学者、チャールズ・テイラーの表現を借りれば「自己解釈する動物」[86] としての人間の解釈に目を向ける。人間の生活形態の解釈学的側面は、「生活世界」に関する社会学理論や他の人文主義的社会学においては中核的役割を果たすものの、一般的に社会科学はここに付随的にしか注目しない。経済学（主流派か否かにかかわらず）ではほぼ完全に無視されている。それこそが「経済学もそろそろ微積分学を使った方程式に基づく社会物理学を志向すべきだ」という実証主義的思想が台頭した一九世紀終盤以降の経済学の最大の欠点の一つだと私は考えている。

とはいえ私の目的は、数学偏重の経済学を全面的に批判することではない。むしろその逆で、経済学と並んで人文科学と社会科学も倫理学のヒューリスティックスに欠かせない要素である、というのが私の見解だ。人類学、文化およびメディア研究、言語学による言語のより深い意味レイヤーの再構築、心理学、認知科学、行動経済学から得た私たち自身による知識は、倫理的洞察の重要な源泉だ。

このため倫理学のヒューリスティックスとは、メタ倫理学的基礎（私は「道徳的実在論」という呼称を推奨する）、人間の自己決定と社会的形成の構造についての人文科学や社会科学の洞察、そしてもちろん私たちが動物であるかぎりその一部である自然的現実の組み合わさったものである。

生活の質を量的にはかるには

人文科学、人文主義的社会科学、経済学がどのように連携するかを示す例の一つが、生活の質（あるいは幸福と言い換えてもいいだろう）という概念とその実態の探求だ。質は量と同じように増えも減りもするが、質には量に還元できない側面があるという点において両者は異なる。私が同じ種類のチョコレートを食べれば食べるほど消費量は増えていくが、そのチョコレートを食べるという経験の質は落ちていく（経済用語で限界効用逓減の法則と呼ばれる現象だ）。一般的に人間の成長と発達とは、態度の変容、すなわち幸福の認知や経験の差にある。このため私たちがどのように花開き、成長するかは、一般的な経済的繁栄を予測するためのツールで測ることはできない。

だからといって、通常の経済成長（ＧＤＰなどの指標で測ることができる）に関する洞察と人間的豊かさに関する洞察を組み合わせ、特定のコミュニティなどの社会的形成における人間的豊かさの増大に貢献するためにはどのような経済活動を構築することができるか、また構築すべきかという新たな道徳的洞察を得る可能性を排除するわけではない。定量的経済成長と人間的豊かさというかたちでの定性的成長は相容れないものではなく、むしろ持続可能性という概念のなかで結びついている。

生活の質と経済学をリカップリングするという基本的考え方は、ジョン・スチュアート・ミルの一八四八年の名著『経済学原理』のなかの一節に見事に展開されている。そこで論じられているのは「定常状態を究極的に回避することの不可能性」とさまざまな進歩の要因との関係性だ。とりわけ重要なのが、ミルは「富の増大は無限ではない」としつつ、のちにＧＤＰとして測定されるようになるものの永遠の成長という粗悪な概念に依存しない、ちがうタイプの成長もあると主張している点だ。私たちが遂げられる、また遂げるべき別の意味での成長とはどのようなものか、ミルの言葉を見ていこう。

資本や人口の定常状態は、人間的改善の定常状態を暗示するものではない。これまでと同様に、あらゆる種類の精神文化、道徳的および社会的進歩の余地がある。生活の技術を磨く余地もあり、事実、成功することにこころを奪われなくなれば生活の技術が磨かれる可能性ははるかに高くなる。[87]

ただ、ミルはこうも言っている。

今日きわめて初期段階にある人間的改善をその究極のかたちとして受け入れない者は、凡庸な政治家の祝意をかきたてるような経済的進歩、単なる生産と蓄積の増大に比較的無関心であるとして許されるかもしれない。[88]

道徳的進歩にかかわる実在論

だが道徳的進歩や社会的進歩とは具体的にどのようなものなのか、またそれは人間的改善とどのように結びつくのだろうか。

ここで道徳的進歩の「実在論」と「相対主義」を区別しておきたい。一般的に「道徳的進歩」を、部分的に隠されていた道徳的事実が十分広く認識され、大規模な行動変容につながることだとしよう。その場合、新しい啓蒙が寄与しようとする肯定的な社会変化とは、「道徳的」進歩のみに還元されない、規範的資源（法律、芸術、政治、経済、宗教的知恵）に基づく他の側面での進歩と足並みをそろえた道徳的進歩の実行と積極的な醸成という意味での社会進歩となる。

ここで逆説的に道徳的進歩や肯定的な社会変化の障害になりうる、危険な誤りを指摘しておこう。道徳主義だ。私のいう「道徳主義」とは、規範性を職業的倫理学者、あるいはさらにまずいケースでは、その時々において何が「道徳的」であるかをほぼ場当たり的に判断する世論が決める究極的な道徳的レイヤーに還元することを指す。社会全体に対する包括的洞察などというものが（社会の複雑性のために）存在しないことを踏まえれば、カール・ポパーが何十年も前に説得力をもって主張したとおり[89]、どんな規範的領域であっても（道徳的領域ですら）意図せざる、潜在的に有害な副作用を引き起こすことなく他のすべての領域を包摂することはできない。これは自由主義を正当化する一因である。自由主義の機能とは、社会に関連するあらゆる意思決定の誤謬《ごびゅう》性と訂正可能性を思い起こさせることだからだ。道徳主義を精査すると、ポパーが当初用いた意味でのある種の陰謀論になる。プラスかマイナスかにかかわらずあらゆる社会変化を導くことのできる何らかの中央機関が存在するという考えだ。まるで社会の複雑性などすべて回避できるかのように。

　私は「道徳的進歩にかかわる実在論」を支持する。これは道徳的事実はある程度心に依存することから、全人類から完全に隠れていることはありえないという見方だ。心に依存するとは、道徳的事実をそのまま理解する能力を持った主体である私たちに働きかける、その命令的性質を指す。道徳的事実の心に依存する部分とは、その真偽ではない[90]。特定の道徳的事実が存在するとき、その真偽は受け手の態度（認知や直観）に依存することはない。しかし道徳的事実の内容は命令的であり、受け手（人間あるいは倫理的思考能力を持ったその他の主体）が必要だ。特定の状況（子どもが溺れているなど）において、私たちが子どもを救うべきであるという道徳的事実は、心（子どもや行為主体の）がなくては存在しない。ただ主体が道徳的命題を事実と認めることによって事実を事実たらしめるということではない。

　このように道徳的進歩は、物理学で起こるような完全に隠されていた事実の驚くべき啓示や発見ではない。道徳的進歩に関する過去の文献から、奴隷制廃止という標準的な例を引こう。私から見れば、奴隷制廃止は奴隷制の邪悪さが突如として認知された結果ではない。なぜなら奴隷制は邪悪であるという事実は、それに苦しめられてきた人々にははるか以前から明らかだったからだ。古代ギリシャの文化は、私たちの生きる奴隷制が悪とされる社会のそれとは違うのだから、アリストテレスが奴隷制度を明確に擁護していたのも仕方ないと主張する人々は、古代の奴隷制の犠牲となった人々の存在を忘れるという重大な過ちを犯している。女性参政権、「ミー・トゥー」「ブラック・ライブズ・マター（ＢＬＭ）」など、道徳的進歩の他の代表的ケースについても同様だ。

対照的に「道徳的進歩にかかわる相対主義」では、道徳的進歩を特定のコミュニティにおける単なる行動変容と考える。それはとりわけ価値の表現あるいは描写の変化として現れる。この考え方によると、奴隷制度廃止論者やフェミニストの主張がある程度成功を収めたとき、彼らは事実を指摘したわけではなく、特定の集団に受け入れられる社会的規範を変えただけということになる。現在の地政学的状況において道徳的進歩の相対主義をとるのであれば、ロシア国民の大多数は単に私たちとは異なる価値観を持っているのだ、ならば武力や安全保障措置の強化によって戦おうと考えるのだろう。道徳的空間について私たちが正しく、彼らがただ間違っている部分があるとは考えない。

道徳的進歩にかかわる実在論は、帝国主義はもちろん、無謬《むびゅう》主義や教条主義とも無縁である。倫理的論争において誰かが正しく別の誰かが間違っているという考え方はもちろん、「私たち」（この「私たち」が誰なのか、西洋人かドイツ人か、自由主義者、進歩主義者かはさておき）は何でもわかっている、常に正しい、ということを意味するわけではない。当然ながら、こうした「私たち」（ここでは自由主義者ということにしよう）はとんでもなく間違っていることも多く、道徳的に完璧な社会的組織からは程遠い。

「倫理的中立性」は存在しない

この考察を踏まえて、私は批判理論の役割とはさらなる道徳的進歩を妨げるイデオロギー的、経済的、政治的その他の条件を分析することだと考えている。「批判理論」は人文科学と社会科学において強い影響力を持つ学派だ。その起源は哲学者で政治経済学者でもあったマックス・ホルクハイマーの研究で、批判理論という言葉も一九三七年にホルクハイマーが生み出した。批判理論の草創期には、当時影響力のあったたくさんの社会理論家（テオドール・W・アドルノ、ヘルベルト・マルクーゼ、ヴァルター・ベンヤミンなど）やその他の学者（その多くはナチス・ドイツから逃亡せざるを得なかった）が貢献した。当初目指したのは、物質的利益とイデオロギー的表現の複雑な網の目として社会を理解することだった。このようにして批判理論は、「私たちの物質的ニーズや活動が文化や意識を生み出す」とする古典的マルクス主義の概念を改革しようとした。前向きな社会変化を生み出す方法を理解するためには、社会や個人の心理学的立場に関するより精緻な学際的理解が必要であることに気づいたためだ。今日では哲学や法律、経済学から人類学までありとあらゆる規範的学問分野にさまざまな形態の批判理論がある。とりわけ有名なのがドイツの哲学者で社会学者のユルゲン・ハーバーマスで、啓蒙主義の伝統に基づく近代の民主的法の統治を擁護するものに発展させた。一方、批判理論のほかの代表的学者は、近代や啓蒙主義の発想そのものにより批判的だ。

批判理論の目的は、大規模な行動変容への新たな道筋を切り拓くことによって、前向きな社会変化に貢献することだ。そのためにはジェンダー研究、社会人類学、現象学、ポストコロニアル研究、歴史学をはじめとするさまざまな学際的、分野横断的、アクティビスト的な知識分野で使われてきたツールが必要だ。いずれも今日のイデオロギーおよび権力構造の下でさまざまな方法で抑圧され、歪められてきた人々の声を「代弁する」ことを目的とする学問である。その目的は進歩という概念そのものを拒絶することではない。それでは価値判断の根拠として倫理的発見ではなくせいぜい道徳主義に頼るしかない、牙を抜かれた相対主義への転落の始まりになる。

私は倫理学の役割、ひいては私たちにとっての道徳的進歩の役割は、経済的・政治的活動の正しい目標を特定するのに役立つことにあると考える。そのためにはまず、マックス・ウェーバーの「社会科学の価値自由論[91]」という成立しえないドグマを否定する必要がある。人間がかかわるところ（たとえそれが理論家であっても）に、倫理的中立性などというものは存在しない。私たちは価値判断をさらけ出すことなく、個人的あるいは集団的価値を表明することはできない。しかも、そこには何の問題もない。人間とはそういうものだからだ。だからといって人間性にかかわる深い問題について、何の事実も存在しないということではない。たとえば人生の意義や、それと「人生にどのような意義を見いだすか」の判断をできるだけ個人に委ねようとする今日のまっとうな多元的社会とのかかわりについての問題だ。

戦争犯罪の邪悪さ

しかし自由民主主義と、複数の世界観が共存し、互いを豊かにするような多元的社会を創造・維持するというその願望が、実際的かつ一次的な価値判断を抜きに繁栄し、存続しつづけられると考えるのは誤りだ。シリア、イラク、ウクライナなどで行われている戦争犯罪を非難するのは、私たちの嗜好の問題でもなければ、単なるこの種の残虐行為へのポストモダン的嫌悪の表れでもない。こうした戦争の表現にさまざまな欠点があるため容易に覆い隠されてしまうものの、それは人間の共生にかかわる事実の表れである。

西洋、とりわけヨーロッパでは、多くの人がウクライナとシリアの出来事に対してまったく異なる感情を抱いているようだ。まるでウクライナ人のほうが「自分たちに似ている」感じがするので、なぜかウクライナで起きていることのほうがシリアのそれより邪悪であるかのようだ。実際にはシリア（これもプーチンに責任がある）の戦争犯罪の邪悪さは、ウクライナでの戦争犯罪の邪悪さとまったく同じだが、それは難民に対する私たちの態度には反映されておらず、両者の扱いや支援はまったく平等ではない。

確かに、ここでは道徳主義は誤りだろう。なぜなら私たちは巨大な地政学的・社会経済的力のもつれにも直面しているからだ。それが戦争と流民という病理として解き放たれ、悪意ある行為者によって利用されている。ウクライナ危機の解決には、指針として道徳的事実を理解する必要があるが、それは解決のための唯一の手段にはならない。まさにこの理由から、戦争の規範性は悲劇的である。それは善を育む可能性を損なう。今、ウクライナ兵とロシア兵がウクライナの戦場や都市で直面している事態は、人間的観点から言って悪夢である。なぜなら基本的道徳的事実としての人権を完全に尊重する道がないからだ。ウクライナ兵は侵略者を殺害し、傷つけないわけにはいかない。たとえそれが状況を理解しないままウクライナに送られてきた一家の父親や若者を殺すという道徳的悪を犯すことであっても、だ。

二〇二三年一〇月七日にハマスのテロリストが犯した、バイデン米大統領の言葉を借りれば「悪の所業」というべき残虐行為を受けて、罪のないパレスチナ市民とイスラエル兵が目下直面させられている恐ろしい悲劇も同じであることは言うまでもない。テロ攻撃への報復として今も進行中の軍事行動のなかで、一部のイスラエル兵が戦争犯罪を疑われている事実は無視できない。またイスラエル軍による全体的な軍事行動が、きわめて問題のあるものになってきた事実も看過できない。民間人の死者が多すぎるのは明らかで、その多くが避けられたものであり、なかには意図的なものも含まれている可能性があることから、一部のイスラエル軍の行為は邪悪である。国際法に従って事件を評価し、分類するのは国際機関の役割だ。このケースでは完全な倫理的解決策はない。ただ現時点で、イスラエルは今も自由民主主義陣営のメンバーであり、民間人に対する戦争犯罪は絶対に正当化できないものの、ハマスに対する何らかの軍事行動を正当化できるだけの存亡の脅威に直面していることを理解するのは重要である。[92] 戦争を倫理的観点から完全に評価することはできない。戦争は単なる平和への架け橋ではないというのが、悲劇の一部である。

現実の戦争は必然的に倫理的に批判すべき行き過ぎた残虐行為を伴うものである、という事実をもって戦争犯罪やその他の悪行を正当化することはできない。むしろ倫理的視点に立つと戦争は悲劇的であるという事実は、戦争はできるだけ速やかに終結すべきであり、私たちはあらゆる思考と行動を和平実現に向けるべきであることを意味している。軍事的自衛権（その存在には疑問の余地がないと私は考える）は邪悪な行為を正当化する理由にはならない。平和があるべき姿であり、戦争――それが自衛のための戦争、あるいは（そんなものが存在するかはわからないが）「正当な戦争」であるかにかかわらず——は罪であるという道徳的事実は、イスラエルには残虐な大規模テロ行為に対して軍事行動を起こす権利がないことを意味してはいない。今回の軍事行動の規模や詳細は、国際法、民主的な批判と意思決定の対象となる。

ウクライナでの悲劇が進行するなかで、私たちは暗黒の時代における道徳的進歩の悲劇的事例を目の当たりにしている。プーチンの邪悪きわまりないイデオロギーに対抗してウクライナの人々が勇敢さを示すなかで、自由民主主義の価値観への私たちのコミットメントが引き出されている。こうした事態を望ましいと言うつもりはない。プーチンのような野蛮な敵が存在することが、自由民主主義にとって間接的にでも好ましいことである事実を、喜んで受け入れているわけではない。むしろその逆で、プーチンによるウクライナへの侵略戦争などなくても自由民主主義への私たちのコミットメントを自覚できる世界のほうが、今の現実世界より明らかに好ましい。だから「暗黒の時代における道徳的進歩」という言い方をしたのだ。

今起きている戦争や、私たちが目の当たりにしている、そして当地の人々を苦しめている人類に対する恐ろしい犯罪を正当化する理由はひとつもない。それが新しい啓蒙による一段と強固な人権へのコミットメントにつながる可能性も、もちろん正当化の根拠にはならない。

現在の戦争や残虐行為の結末がどのようなものになろうと、犠牲になった人、生き地獄を味わった子どもたち、女性たち、家族たちの誰ひとりとして、進歩への捨て石とみなされるようなことがあってはならない。歴史に神義論は当てはまらない。高次な神の視点から歴史を見て、人間の邪悪さを正当化することはできない。私が強調してきたように、暗黒の時代の道徳的進歩には、人間は自由であり、それゆえに悪を行う能力があることをしっかり認識することが必要だ。

今日における「最高善」

道徳主義が社会の複雑さを道徳的価値観という無条件に有効であるために重要なレイヤーに過度に還元するのと同じように、経済学にも社会の複雑さを「合理性」とも呼ばれる経済的規範性に還元する一般的で根強い傾向があることを認識し、否定する必要がある。ここでいう合理性とは、私たちは少なくとも「経済人」のモデルとそれを表す高度な数式が、一般的な価値づけの活動の実態と合致するように行動すべきであるという考えを指す。

したがって人間の個人的・集団的行動を多少なりとも予測できるという理由で現実的とされる、価値判断を効用の計算に還元するモデルを盾に道徳的価値の存在を否認する考えを「経済主義」と呼ぶことにしよう。この還元主義的な価値の考え方によると、あらゆる価値は結局のところ市場に現れる選好の投影であり、そして市場とは有限な資源の分配の構造をめぐる闘争である。

もう少し前向きな、いや、楽観的な話に移ろう。私はここで、新しい啓蒙というプロジェクトの観点から、価値や価値観に関する経済的思考と倫理的思考をリカップリングできるという主張をしたい。私が今行っている分析レベルでは、新しい啓蒙とは洗練された楽観主義へのコミットメントと考えればいいだろう。楽観主義とは「そうとは思えないものの、私たちは可能性のあるなかで最良の世界に住んでいる」というゴットフリート・ウィルヘルム・ライプニッツの考えであったことを思い出してほしい。ライプニッツはこの考えを、歴史に対する神の正当性を主張する著書（『神義論』）のなかで示した。それは神の究極の仁愛を無邪気に信じる姿勢でもなければ、苦しみや戦争、死、飢え、暴力などの問題にあふれた歴史の現実に対する皮肉な見方でももちろんない。むしろライプニッツは同じ微積分学の発明者であるニュートンと並んで、経済的価値と道徳的価値の交差点にある深奥な事実の理解を助けてくれる。その深奥な点は、市場は人々を一つにするという事実から導き出される。それは市場がどのように機能するかを理解したければ、人間の本質や自然全体におけるその位置づけについての基本的真理を無視してはならないということだ。

人間の条件の中核的特徴は、自分自身についての認識に照らして生活を送る能力にある。

人間は「自己解釈する動物」、自分自身に意味づけをする動物だ。この内省的意味づけは、人文科学というその名のとおりの学問の研究対象だ。ここからは人間は価値表象に照らして行動し、その価値表象は道徳的価値だけでなく、財、サービス、インフラなどの単純な使用価値も含めた実際の価値に照らして測定することができ、またそうすべきであることがわかる。市場は合理的利己主義という啓蒙的自己利益のエンジンにほかならないという考えは、人間の価値づけの実態と一致しない。

この文脈において楽観主義とは、私たちは究極的には道徳的に正しいことによってのみ利益を得るという考えだ。経済的剰余価値生産と道徳的善には「真の利益」という概念のなかで相関性がある[93]。両者の均衡点を、イマヌエル・カントの有名な概念にちなんで「最高善」と呼ぼう。「最高善」とは経済的価値と道徳的価値の均衡点である。それは真摯に道徳的配慮をもって財を生産・分配することで、経済活動が前向きな社会変化に積極的に寄与する状況だ。

カントは最大級の経済価値を概念化し、それにいささか誤解を招く「幸福（Glückseligkeit）」という呼称をつけた。カントの定義はこうだ。

「幸福」とはこの世界における理性的存在の存在全体において「すべてがその願望と意

思のままになり」、それゆえにその意思の本質的決定根拠と同様にその目的全体が自然の調和を保つ状態である。(94)

カントは幸福を単に達成したり見つけたりするにとどまらず、幸福に値する方法があると考えた。幸福に値するとは、幸福になる価値があるということであり、カントはそれを意味する「幸福に値すること（Glückswürdigkeit）」という言葉をつくっている。つまり歴史的時空のなかで人類が道徳的功績と経済的成功の均衡点を達成するなら、人類の歴史的活動は人間の尊厳を社会的に組織化された生産の関係の中心に据えるという最大級の成功を達成したとみなすことができる。人類がそのような楽観的道のりを歩んでいるという希望は合理的に正当化できる、とカントが主張していたのは有名な話だ。

しかし意思と道徳律との完全な適合は「神聖」であり、良識ある世界のいかなる理性的存在も存在している間にそれを完成させることはできない。それにもかかわらず実際に必要なものとして要求されていることから、それは完全なる適合に向けた「終わりのない進歩」のなかにのみ見いだすことができ、また純粋実践理性の原理にしたがってそのような実践的進歩を私たちの意思の本当の目的と想定する必要がある。(95)

ここではこれを、私たちは繁栄の条件が真に倫理的配慮によって構成される経済をつくり出すことができるという意味だととらえよう。実際、私たちはある意味ではまさにそのような世界で生きている。私たちは当然ながらさまざまな人間の取引を経済的検討から除外する一方で、人間の成長を促すために経済活動に投資している。市場は常に狭い生物学的パラメーターを超越しつつ、人間の親社会性を映す倫理的配慮のような経済以外の規範性によって形づくられてきた。

これは好むと好まざるとにかかわらず、私たちが成し遂げなければならない社会生態学的変容のための倫理に基づいて、未来志向の進路や歴史を新たに思い描くのは容易であることを示唆している。自然の現実（地球、人間同士の生活、人間以外の動物や微生物との生活）は私たちに、自らの生活形態を維持させてくれる唯一の環境に適応することを求めている。

SDGsの本質

私たちの生きる危機の時代において、「持続可能性」は明らかなメガトレンドだ。その証拠には国連が提唱する一七項目の「持続可能な開発目標（ＳＤＧｓ）」を挙げれば十分だろう。このうち二つは「気候変動対策」と「責任ある消費と生産」だ。持続可能性は人間以外の自然的現実と私たちの関係をとらえるだけでなく、私たち自身の生存形態（健康、飢餓の撲滅、きれいな水、陸上と海洋の生き物との関係）と社会経済的あり方（人間らしい雇用〔ディーセント・ワーク〕と経済成長、ジェンダー平等、貧困撲滅、平和、不平等の是正、強固《レジリエント》なインフラ、質の高い教育など）にかかわる概念だ。

　要するにSDGsの大半は、人間の社会経済的生活形態にかかわるものだ。人間と人間以外の自然的現実にかかわる項目は、私たちがどのように自然的現実にかかわるべきかを扱っている。「地球を守れ」あるいは「自然を保護せよ」といった、よく考えると内容のない、ナンセンスのような命令は含まれていない。

　もう少し詳しく説明しよう。「持続可能性」という言葉は、さまざまな違いを超えてありとあらゆる人間にかかわる生態学的、経済的、社会的対策を実施し、何世代にもわたって安定した社会を創出するという包括的概念だ[96]。このようにSDGsの目標設定は、人間のために、人間によってなされている。それも当然だ。ハーバード大学の倫理学者、クリスティーン・コースガードが近著[97]で指摘したとおり、人間は科学、技術、倫理学を扱う能力がある唯一の種だからだ。その理由は人間という動物がただ生存し、繁栄するのでなく、自己認識に照らして生きるからだ。人間は自らを動物として認識する唯一の動物であり、より大きな文脈に組み込まれた生命体として、その文脈の複雑さを調べ、より大きな意味の場に所属することの原則を明確にし、それに従って個人、集団、社会のスケールで付随的原則によって行動を統制する。人間は人生を遂行するのであって、人生がただその身に降りかかるのではない。

それと同時に、私たちの知識に基づく目的志向の行動は、自分ではコントロールしない・できない自然条件に依存する。私たちは「人間以外の全体的な自然の実態」という意味での「自然」の支配者や番人ではないし、「惑星・地球とその近隣の軌道の自然の実態」においてすらそうではない。決してそうなることもないだろう。理由はまさに私たちの有機的条件にある。ヒトという動物は、身体がなければ生存できない。私たちの身体は目下、無慈悲な環境にそれなりに適応しているものの、それも腐敗して自然に還《かえ》るまでの話だ。むしろ身体は生命科学（医学、神経科学、生物学、生化学など）やより広範な自然科学（物理学、無機化学など）の対象となりうるあらゆるスケールにおいて、常に環境を形づくっている。ここには知覚、そして程度はわからないが認知の基本プロセス（自らが完全につくり出したものではない環境で物事がどうなっているかをもっともらしく理解する、私たちなりの当てにならない方法）も含まれる。なぜなら知覚したり認知したりするとき、私たちは環境と相互作用するからだ。それは私たちの身体と、その曖昧で変化する境界の向こう側にあるものとの間で行われる、絶え間ない、きわめて不安定で動的なエネルギーと物質の因果関係の交換と同じだ。

この環境と生物との共同形成はさまざまなレベルで起き、いわゆる内部共生を通じて部分的に人間の生存形態に入り込んだ細胞より下のレベルで始まる。細菌やウイルスはずっと、あらゆるスケールにおいて生物に欠かせない存在で、これは微生物学者のリン・マーギュリスが構築し、最近亡くなった環境科学者ジェームズ・ラブロックが先鋭化させたガイア理論の重要な要素となっている(98)。この理論は、人間の社会的複雑性は地球システムに組み込まれており、異質な要素ではないと指摘する。私たちは自然にとってよそ者ではなく、私たちが統制も支配もしていない、またすることのできない、あらゆるシステムを包摂する生命システムの一部なのだ。

フランスの社会学者ブルーノ・ラトゥールはこの人間性の深い生態学的条件に関する洞察を、ポストモダン・イデオロギーへと転化させた。それによると、惑星の条件はあらゆる意味で人間の自己決定的な社会的自己意識に優先するという。ラトゥールは今日の多くの環境活動家と同じように、人間は外部資源の過剰な搾取によって自らの生息環境を破壊する能力があると考えていただけでなく、自分たちが地球という惑星で起こることの中心だという自己認識をガイア中心主義という別の認識に置き換える必要があると考えていた(99)。

しかし、人間を自然や科学の中心から外そうとする試みはどちらかといえば、そのような非常に大きい集合体に中心があるという概念そのものが誤りであるという洞察につながる。自然にも、惑星にも、社会にも、経済にも中心などない。私自身の生命についても、身体をコントロールする合理的あるいは非合理的自我のような中心は存在しない。

こうした理由から、持続可能性とは何らかの生態学的要請ではなく、人間が合理的にアクセスできるすべてのスケールにおいてその行動を支配するべき一連の倫理原則だ。SDGsの目的は人間の生活を改善すること、そしてすべての経済的および人間的資源は今のところ有限であり、複雑なサイクルに組み込まれているという事実に人間の生産・再生産の条件を適合させることで、他の種の生存状況も改善することだ。

このようにSDGsを理解すると、それが主に経済的思考に依拠していることがわかる。だからこそ倫理資本主義にかかわっているのだ。SDGsの策定を促した経済的思考は、近年の倫理的洞察の進歩に根差している。たとえばジェンダー平等や質の高い教育の必要性は、一〇〇年前であれば高い次元の大規模な社会政治的目標設定においては意味をなさなかっただろうし、今でもその次元においては多くの国民国家で意味をなさないことはアフガニスタンやイランの例を見れば明らかだ。この目標の対象となる政府や企業のレベルにおいて、アフガニスタンやイラン（明らかな事例は両国に限らないが）はSDGsのジェンダー関連の側面に微塵も貢献していない。むしろ他国の政府と結託して、積極的にそれを損なおうとしている。ロシア連邦をはじめ戦争好きな国々がまるで尊重していない平和に関する目標についても同じことがいえる。だからＳＤＧｓは規範的であり、私たちの行動の指針であるべきだ。ＳＤＧｓが私たちの行動を支配すべき理由は、単に経済的なものではない。なぜなら積極的にＳＤＧｓに違反し、道徳的進歩に抗うことで莫大な富を生み出すことがあまりに簡単であるように思えるからだ。

とはいえ、現代のオリガルヒ（ロシアの新興財閥）の特徴である短期的富の蓄積は、まるで持続可能性がない。それは大規模な社会的形成を不安定化させるだけでなく、その行動は間接的に自らが座っている木の枝を切り落とすようなものだからだ。純粋な富の蓄積を目指すビジネスモデルが明らかに非道徳的であればあるほど、その不安定さは増す。そしてそれゆえにその内部組織や環境のはらむ予測不能なリスクが増大する。持続可能性は経済活動の制約要因ではない。地球上で生存と繁栄を続ける唯一の方法は、経済成長という概念そのものを放棄することだと考えるのは誤りだ。

ＳＤＧｓの八番目の目標「経済成長と雇用」には「包摂的かつ持続可能な経済成長及びすべての人々の完全かつ生産的な雇用と働きがいのある人間らしい雇用を促進する」とある。[100]持続可能性が脱成長という言葉や実践と相容れないのは明らかだ。脱成長はとりわけ貧困撲滅や気候変動対策とも矛盾する。経済活動の生み出す金銭的資源がなければ、ＳＤＧｓなど一つも実現できず、自然のサイクルに適応し、自然が人間の生存のために提供してくれるものを収穫するだけのポスト資本主義的現実を夢想するうえでも役に立たない。これまで人間が自然のサイクルに安定的に適応したことなど一度もなかった。なぜなら自然のサイクルはそもそも循環的ではないからだ。最近の人間による地球温暖化、生物多様性の喪失、そして気候変動全般への重大かつ危険な影響を差し引いても、自然はきわめて不安定で複雑なシステムから成る複雑なシステムだ。この「システムのシステム」の行方には、人間の活動や介入も含まれるが、その影響は認知可能性を超え、人間の技術的創造性を圧倒的に凌駕《りょうが》している。

自然は、それについて私たちの知っていることや知りうることと一致しない。しかも私たちには、自然について自分たちが何を知らないかが正確にはわからない。科学技術や経済がどれほど進歩しても、私たちの無知はとほうもなく大きい。自然的現実についての私たちの知識の限界は知りえないものであり、また動的に変化するという驚くべき事実は、ポストコロナの今、誰もが知りうるところとなった。近年の自然的であると同時に社会的現象であったコロナウイルス・パンデミックから私たちが学んだことがあるとすれば、それは私たちは自然についてどれだけ知らないかだ。ただその一方で、治療法やワクチンの開発によって自らの無知による負の影響を緩和することに驚くほどの成功を収めた。

消費主義社会の克服と倫理資本主義の実装

第2部の締めくくりに、時の試練に耐えたアリストテレスによる変化の区別を思い出そう。この区別が、経済成長に関するこれまでとは異なる考え方を刺激することを願いたい。アリストテレスは「量的変化あるいは成長」と「質的変化あるいは成長」を区別していた[101]。私たちが自らを道徳的に向上させたら、あるいは個人的危機を新たな経験や、自分自身や自分と現実との関係についてこれまでとは異なる考え方とともに切り抜けたら、これはある種の変化である。それが地球の限界を超えて自然的資源を破壊することはない。こうした変化は原則的に測定可能であり、これによって経済的、質的成長という新たな概念を生み出し、それをGDPその他の指標に加えて、経済的成功を記録する仕組みに織り込むことができる。

ここで未来志向の、かといってユートピア主義的ではないシナリオをひとつ想像してみよう。そこでは経済活動の基本目的が、生活形態が絶え間ない道徳的進歩を遂げるような社会的政治的条件を提供することによって、人間の生活の質を向上させることにある。これに関してギリシャ人は（他の古代文化の多くもそうだが）球体や循環こそが完璧さのパラダイムだと考えていた。もとは社会的関係（債務など）を表すために導入されたものの、人間の活動の現実的根拠から切り離されて久しい貨幣、GDPその他の量的指標のような、それ自体に意味のない指標を伸ばすことによる直線的あるいは指数関数的な成長関数を重んじていたわけではない。

もちろん、こうしたシナリオの前提になるのは、ほとんどの人が感じている人生の意義が、新しいスマートフォン、クルマ、あるいは子ども向けのプラスチック製玩具など一時的な、究極的には空虚な財を消費することであるような消費主義社会を克服することだ。さらに楽観的なシナリオもある。新しい啓蒙は、私たちがなによりも「知恵」を重視することを求めている。経済学者、企業人、政治家、芸術家がみな真の哲学者に、すなわち本質的価値と持続可能性によって定義される真の経済成長を実現するための知恵を愛する者になるのだ。「そんなことにわずかでも実現性はあるのか」とあなたは思うかもしれない。それに対する私の答えはこうだ。完新世初期やそれ以前の比較的気候条件が安定していたはるか昔に人類が存在していたことが、この可能性の最大の証拠である、と。工業と自己破壊的な化石燃料主導の近代という終焉必至の短命な時代よりも、人類ははるかに長く存在してきたのだ。これについては疑問の余地もない。私たちは自分たちがどれだけ終末論的シナリオに近づいているか、計算することさえできる。ただギアチェンジをすれば、経済成長という概念そのものを諦めることなく破滅は避けることができる。必要なのは、測定装置（社会政治的指標や経済モデルなど）のターゲットシステムを変えることだけだ。その第一歩は質的成長や真の利益の測定を始めることかもしれない。

　私が人間の社会経済的発達の次なるステージと考える倫理資本主義は、ＳＤＧｓのあらゆる側面に投資する。それゆえにいかなる意味においても反資本主義的でもエコ社会主義的でもない。単なる短期的富の蓄積から、人間の幸福から利益を得るために持続可能な人間の共生のあり方に関心を移すだけだ。

　楽観的な姿勢で、積極的に未来を作っていこうとするかは私たち次第だ。人文科学と社会科学を社会の他の領域とリカップリングさせた高度な研究に根差すその未来は、決して夢物語ではなく、真の希望に満ちている。（『スター・ウォーズ』風にいえば）そこに新たなる希望がある。

追伸：物象化としての「資本主義」

前章で「啓蒙された弁証法」（一五九頁）という概念を紹介した。それは両極化された二元論と両極化を促す二元論が現れる中間地点を探ることだ。第2部の締めくくりに、少しばかり弁証法を実践してみよう。資本主義の概念（「資本主義」）は社会の物象化であることを示すのだ。この弁証法は、資本主義という概念、ひいてはその概念に基づく資本主義の実践には確かに欠陥があるが、それは資本主義の性質によるものではなく、むしろあらゆる社会経済活動が資本主義という亡霊へと過度に物象化された弊害であることを示すことを通じて、「資本主義は社会のあらゆる構成員を物象化する既存の包括的な経済システムである」という通常の主張を根底から覆すものだ。

近代性、資本主義、経済成長、科学、真理、知識、ヒューマニズム、現実、進歩、普遍主義、そして合理的主体が把握し、実現できる客観的に存在する価値観という概念そのものなど、啓蒙主義に関連する多くの価値用語は、第二次世界大戦後から自称左派やさまざまなタイプの批判理論家から批判されてきた。それは啓蒙主義に対する知的に低俗な、嘆かわしい批判につながった。ときには近代の病理を正しく指摘することもあったが、現実的な代替策を提示することはなかった。

明らかに悪い慣行に代替策があると主張するだけでは、それを変えることはできない。悪しき慣行は、それが必要である、あるいは自然なものであるという幻想によって維持されているわけではない。

社会政治的条件や経済的条件を改善するという発想そのものが必要としているのはまさに、近代の病理の唯一の元凶（資本主義、ヨーロッパ中心主義、啓蒙主義、あるいはそれ以外の今日の危機の震源とされるものなど）を見つけたと信じる思想家たちが批判し、言下に否定するような普遍性のある言葉なのである。もっとシンプルな言い方をすれば、資本主義、ヨーロッパ中心主義、あるいは啓蒙主義を批判するためには、共有可能な価値観が客観的に存在するという考えに依拠する必要がある。すべての価値観は地域的な文化（ロシア的、日本的、中国的、あるいはヨーロッパ的価値観など）の表れに過ぎないと考えるのであれば、ヨーロッパ中心主義を批判することはできない。異なる文化的価値観のみが存在し、包括的、普遍的価値観など存在しないのであれば、ヨーロッパ中心主義に何の問題があるのか。それは単に地域の文化の擁護に過ぎない。このように資本主義、グローバリゼーション、あるいは近代全般の不公正な側面を批判しようと思うなら、自らの地域文化や偏狭なアイデンティティを超越する倫理的洞察に依拠する必要がある。

資本主義はシステムとして理解できるか？

私がこの追伸で主張したいのは、急進的左派や「資本主義」についての弁明的文献はどちらも、社会経済的取引に基づく複雑な社会的関係性を「社会」という単一の塊に物象化させているということだ。この物象化に対して、シュンペーターが「創造的破壊」という画期的な概念を提唱して以来、資本主義の擁護者の多くはマルクス的な意味での「資本主義」はせいぜいほぼ過去のものとなったビジネスモデルの局所的現れに過ぎないと主張してきた。たとえばイギリスの経済学者ジョン・アンダーソン・ケイは、現代の会社は生産手段の所有のシステムととらえるのではなく、特定の中心のない集団的知性の一形態、すなわち階級利益の組み合わせや、法律、宗教、警察などによって保護された生産手段の私有から導き出される単純な定式やシステムでは説明できない、社会的に複雑な方法で製品を生み出す「能力の集合体」ととらえるべきだと主張する。[102]

社会を資本主義システムへと物象化してしまう最近の事例が、資本主義批判は経済システムへの攻撃から「『社会』の類型」としての資本主義に移るべきである、というナンシー・フレイザーの主張だ。[103] 特筆すべきは、フレイザーは資本主義を「たとえば封建主義と同等の制度化された社会的秩序」とみなすべきだと提案していることだ[104]。フレイザーによると、資本主義についてのこのようなとらえ方と新マルクス主義的社会思想との違いは、前者が以下を認める点だという。

商品化は資本主義社会においてまったく普遍的ではない。むしろ商品化が存在する場合、非商品化の領域にその存在自体を依存しており、それを資本がシステマチックに共食いする[105]。

驚くべきことにフレイザーはまず「共食い」という言葉を、その植民地主義とのかかわり(とりわけポルトガルによるブラジルの植民地化において有害だった)を理由に批判した後で、資本主義社会なるものを描写するのにふさわしい感情的用語として使っている。

公認された経済が、投資家や所有者のために貨幣化された価値を蓄積する一方、それ以外の全員の経済化されていない価値を収奪することにお墨付きを与える。(中略)それゆえに共食い資本主義とは今日の危機、(中略)すなわちあらゆる災難が収斂《しゅうれん》し、互いを煽り、私たち全体をのみ込もうとする社会秩序全体にかかわる全般的危機の原因となるシステムだ[106]。

しかし共食い資本主義によって搾取・収奪されているという「それ以外の全員の経済化されていない価値」とは、具体的に何を指すのだろうか。資本主義を病的な社会として拒絶するフレイザーの主張のこの側面を説明する最善の方法は、私たちの自然な力、すなわち無給の家事労働や介護、あるいはデジタル領域におけるデータ生産者（オープン・プラットフォームやシステムへの一見自由なアクセスによってわかりにくくなっているが、デジタル領域は確かに問題のある無給労働の形態を生み出している）として私たちが生み出す人的資源の使用価値に言及することだろう。オープンAIの直近のプロダクトスキームを考えてみるといい。有益なAIを開発することで人類に恩恵をもたらすと主張しつつ、人々に無償でデータを生み出して自社のAIを訓練するよう促している[107]。著者を含めて、ChatGPTがチューリングテストに合格するかどうか、あれこれ使いながら試している多くの人々は、オープンAIのために剰余価値を生み出しつつ、その労働に対して十分な報酬を得ていない[108]。

とはいえ、資本主義の一般的構造は、幸運で力のあるひと握りの人々が富を蓄積するために、間接的に搾取なり乱用される商品化されていない領域の存在を必要とする社会であるというフレイザーの主張は、ある程度自らの正当性を証明する必要がある。それはポパーのいう資本主義の陰謀論（あらゆる人を確実に自己破壊の道へといざなう何らかの中央機関やシステムが存在するので、そのような病理を示さない別のシステムによって代替する必要がある）の罠を具体的にどう回避しているのか示すべきだ。ただ、それでも資本主義をシステムとして理解するという発想自体に疑問が残る。なぜなら、それは資本主義に中心的構造があるという誤った暗示をしているからだ。そのうえ代替システムはどのようなものなのか、それをどうやって導入するのかという疑問も生じる。中国や北朝鮮（両国では本物の反資本主義的、中国流マルクス主義思想が依然として強力な経済的および社会政治的エンジンであり続けている）以外で反資本主義を掲げる主流派の言説を見ても、最終的に必ず革命、ひいては未来志向の共産主義社会の構築につながる歴史的弁証法があると主張する者はまずいない。そう考えると、陰謀論的な資本主義批判も結局は「代替は存在しない」という結論に落ち着く。

啓蒙思考の価値

同じことが啓蒙の弁証法についてもいえる。啓蒙主義の批判者のなかには、社会思想家で哲学者でもあるテオドール・アドルノとマックス・ホルクハイマーによる有名な著作を根拠に挙げる者がいる。[109] 二人はこの本で、合理性を単に自然や社会を支配する手段として用いることの問題点を示している。そして人間と自然、理性と神話、科学と迷信といった啓蒙主義的な区別や、それに関連する前近代的・非近代的な生活形態や世界観に対立する近代性の概念が、いかに弁証法に巻き込まれているかを明らかにしている。この文脈において、それはこうした構成が暗黙のうちに引き起こす、有害な影響につながることを意味する。もっと具体的に言おう。理性と神話を対立的にとらえ、理性を優先する人間は、神話や強い宗教的信念に基づいて生活している人々の集団を支配しようとしたり再教育しようとしたりするかもしれない。同じように、産業資本主義が進展するなかで近代の科学技術が自然を支配するようになったが、それが今、災いとして自分たちの身に降りかかっている。私たちに自然だのみからの大々的な解放をもたらした手段が今、人類を滅亡の縁に追いやりつつある。もっと最近の例で言えば情報通信技術だ。スマートフォン、検索エンジン、ソーシャルネットワークなどは私たちの想像をはるかに超えて人間の接続性を高める一方、ヘイトスピーチやフェイクニュース、悪意あるプロパガンダを拡散させる道具にもなっている。

しかしヨーロッパ啓蒙主義やその歴史的欠点（人種差別、女性差別、植民地主義、国民国家内外での抑圧された集団への搾取）に対する昨今の批判と同じように、アドルノとホルクハイマーも啓蒙主義の価値観がそうした問題の原因であることを証明していない。

確かに、これは彼らが意図したことではなかったのかもしれない[110]。むしろ二人は啓蒙の弁証法から脱却し、近代の解放運動をその弁証法的敵対勢力から解き放とうとしたようなのだ。

しかし、よく考えれば、啓蒙主義が弁証法を生み出し、それゆえに間接的あるいは直接的にも近代の主要な問題（全体主義や全面的戦争）の原因となっているという主張が正しいことはあり得ない。むしろ近代の問題は、まさにこうした啓蒙主義的価値観に照らして問題と認識される。たとえば普遍主義、ヒューマニズム、定言命法は、人種差別、女性差別、植民地主義、あるいはそれ以外のさまざまな暴力的支配、搾取、収奪とはまったく相容れないものだ。強いていうなら、ホッブズ、ロック、カント、ルソーなど（他にもたくさんいるが）ヨーロッパ啓蒙主義を代表する思想家たちが明らかに植民地主義的で人種差別的であったという事実は、私たちは共通の人間性によって互いに何らかの責任を負っているという概念を損なうものではまったくない。

それどころか、啓蒙主義者と反啓蒙主義者それぞれの欠点（マルクスにもたくさんの道徳的欠点があったことを思い出してほしい。たとえば倫理思想は歴史的過ちをイデオロギー的に正当化するものとして断固拒絶した）は、せいぜい彼らがこうした価値観を固く信じていたことを証明するか、少なくとも欠点は起こるべきではなかったもので、啓蒙主義的思考の自己矛盾であったことを証明するかのどちらかだ。啓蒙思考の価値はまさに、こうした過ちを修正し、批判理論や体系的な道徳的進歩を可能にする価値の枠組みを堅持することにある。

啓蒙主義による普遍主義、人権、経済的繁栄へのコミットメントが道徳的進歩などへの手段となる可能性を否定することは、具体的かつ現実的なより優れた代替策を提示しないかぎり不毛である。だが、誰もが共有する自由、平等、連帯という基準以外のどんな基準に照らして「より優れた」代替策といえるのか。

倫理資本主義に移行するためのヒューリスティックス

批判理論は時として病理を正しく診断するものの、それに対して肯定的な代替策を提示できなかったと見る批判者もいる。自らを純粋に否定的立場に追いやり、それゆえに現実的だが理想主義的改革を思い描き、前向きな社会変化に寄与する力を失ってしまったのがその落ち度であるという。とはいえ産業革命の後、そしてフランス革命が失敗した後の近代の問題の一つが、科学技術的・経済的進歩を道徳的・社会的・人間的進歩とデカップリングしたことであると示したのはまさしく批判理論である。だから私たちが批判的で悲観的な立場に縛られず、前向きな社会変化への具体的ビジョンを構築するためには、批判理論の成果が必要なのだ。

人間中心主義の思考を社会の自己理解の周縁から多面的中心に移す第一歩は、社会あるいは資本主義全体についての過度に一般化した陰謀論的思考を、資本主義の成功はその無秩序で中心のない構造にあるという洞察に置き換えることだ。資本主義はシステムではない。あらゆる人間の社会経済的取引が直接的あるいは間接的に従属する経済的システムでもなければ、社会全体を包含するシステムでもない。その力は、経済活動に中心的ガバナンスが完全に欠如していること、すなわち今日の政治家の価値判断に拘束されない自由市場と自由貿易が存在することから生じる創造性と予測不可能性にある。

それと同時に、国家やその他の制度は道徳的進歩を物象化させ、自由貿易や自由市場の影響を受けない規範的秩序に変える。マイケル・サンデルの有名なフレーズにもあるように「お金では買えない」ものはたくさんある。[11] ただ、市場には道徳などさまざまな制約があるという事実は、資本主義を否定し、それを何らかの中央機関に置き換える必要性を示しているわけではない。なぜならそれは搾取のくびきからの人類の解放につながるどころか、むしろ国家を代表する行為者（大臣、国務長官あるいは元首など）が究極的な倫理のエキスパートであるかのように、国民にどう生きるべきかを指示する国家封建主義や時代精神《ツァイトガイスト》道徳主義につながる可能性があるからだ。

人類の歴史的発展の現実的な次の段階である倫理資本主義に移行するために私が提案するヒューリスティックスは、啓蒙の弁証法ではなく啓蒙された弁証法に基づく。一般的に弁証法は二律背反（同程度に好ましくない二つの極の対立）を、中間項や中間点を模索することで解消する。それをもとに私たちは両極を唯一の、むやみに競合し合う代替策とすることなく、そもそもなぜ二つの極が魅力的に思えるかを理解することができる。このように啓蒙された弁証法の姿とは、ヘラクレイトスからヘーゲルに至るまで（それ以外にも多くの）哲学者たちがイメージしてきたような戦争ではなく、平和あるいは和解である。平和は（この点では民主主義的な法の統治も同じだ）安定的な所与の状態ではなく、達成するものだ。持続可能な発展目標であり、安定的状態ではない。それを達成するためには人間の活動のなかでもとりわけ強力な側面である経済的思考および活動が、人間の条件と調和しなければならない。それには人文科学と人文学的社会科学をテーブルの中心に持ってくる必要がある。その役割は、社会の複雑性を簡単な定式に還元しようとしすぎる、きわめて人間的な傾向のために、公的領域や他の科学的学問分野から生じる極端な立場を調整することだ。

資本主義が成し遂げてきた世界史に残る成功とは、無秩序な複雑性を生み出しつづけることによって、私たちをそうした傾向から自由にしたことだ。それは（たとえばＳＤＧｓへの貢献によって測定できるような）好ましい結果をもたらしてきた。自称資本主義者や、ドナルド・トランプ（彼になんらかのイデオロギーがあればの話だが）やアルゼンチンの新たな大統領となったハビエル・ミレイのような無政府資本主義者が、まさにこのダイナミズムを政治的に悪用しているのに目をつむるわけではない。無政府資本主義が国家主導の民営化の巨大な波を前提とするという考えは、明らかな矛盾だ。真に自由主義的な資本主義者は政治力を利用して市場に介入すべきではなく、たとえ市場を自由化するという名目があってもそれは変わらない。

小結

この追伸での議論をまとめよう。(商品化などを通じて)あらゆる社会的関係を物象化する、単一の、統合化された「資本主義」というシステムが存在するという思想は現実と一致しない。資本主義はそのようなことはしない。なぜなら消費者の欲求が醸成される私的領域を完全に植民地化することは、いかなる企業の経済的利益にも沿わないからだ。利益が生じるのは、消費者が適度に自由であるときだけだ。そこには市場の競争相手の存在も必要で、それがなければ資本主義のダイナミズムは大幅に損なわれる。すべてを売り物にすべきではないのは真理であり、市場に対する道徳的、法的、政治的制約は民主主義的資本主義に内在している。社会が全体として資本主義的になり得ないからこそ、資本主義は繁栄できる。資本主義をすべて包含しうる巨大な物象化の仕組みと考える人は、現実に存在する経済的関係(たとえば広告、PR、グリーンウォッシング、搾取、過剰な資源採取、株主と労働者の間の不当な力の不均衡など)の一部の側面を過度に強調し、一般化している。しかし、そこから明らかになるのは資本主義の本質ではなく、政治、経済など社会のさまざまな歴史的もつれである。それについては批判理論によって構築されたツールを使い、こうした構造は有害あるいは病的であると正当に批判すればいい。批判理論はこのようなかたちで、ここで提案された枠組みにおいて倫理的知識のヒューリスティックスに統合されている。

最後に、新しい啓蒙の経済を表すのに「倫理資本主義」という言葉を使うことには明らかな問題があることを認めておく。それは急進左派的あるいは新自由主義的な誤った連想を引き起こし、結果として市場対国家、資本主義対共産主義、搾取対解放といった弁証法のなかにとどまるおそれがある。資本主義という概念の弱点は、「資本主義」という言葉が通常は物象化された社会秩序、単一の枠組みあるいはシステムにまるごと収まった社会を指すのに使われることだ。資本主義はシステムではなく、無秩序の一形態であり、そのおかげで何らかの中央機関によってコントロールすることのできない創造的破壊、問題解決、個人の自由が可能になっていることを考えると、私たちは倫理資本主義が実行された後の、さらに未来志向の発展段階となりうる「エコ・ソーシャル・リベラリズム」という新たな様式にふさわしい言葉を模索するべきだ。ここからは未来志向の、さらに思弁的な思考に踏み込んでいこう。

第3部
応用篇

倫理資本主義は現実的でありながら、未来志向のビジョンだ。それは実際の資本主義の社会経済的現実を、現代の経済生活の一つの層を形成する緩やかに結びついた条件群として認識している点において現実的だ。資本主義的剰余価値生産の方法が存在することを受け入れ、その見解は経済が他の規範的な社会的システムに組み込まれている方法に基づいている。

そのうえで私は、資本主義が倫理と重なるのは、歴史的な理由からだけではないと主張した。人間は道徳的動物であり、また生存のニーズを明らかに超越する有意義で共有された生活を強く求める親社会的哺乳類であるため、常に倫理的検討を踏まえて行動する。つまりコリン・メイヤーを引きながら主張してきたとおり、倫理は倫理的利益創出（「真の利益」の追求）の基礎となる高次の人間の欲望を明確に示している。

よく考えれば、「資本主義」という言葉は社会全体はおろか、単一の経済システムすら意味してはいない。資本主義は剰余価値生産のための緩やかに結びついた条件群だ。

それらを総合しても「システム」にはならない。むしろ無秩序の一形態、中央機関からの消極的自由の一種だ。このため資本主義は歴史的に政治的自由主義と結びつけられてきたが、この政治的自由主義はここ数百年で自由民主主義的な法の支配の基礎となった。だから資本主義あるいは自由主義に今日のあらゆる危機や社会的病理の原因を帰すのは目くらましであり、不当で雑な批判である。資本主義を全面的に否定するのは非現実的だ。

その一方で、倫理資本主義はただ現状を是認するわけではない。むしろ私たちはもっと努力すべきである、社会経済的条件を常に向上させる必要がある、それは経済的手段を通じても実行できるし、またそうすべきであると主張する。

ここでエコ・ソーシャル・リベラリズムの規範的枠組みの出番となる。私のいう「エコ・ソーシャル・リベラリズム」とは、人間という主体を社会政治的相互作用という力の場における個別の点に還元しない、自由な主体性という見解（自由主義）を意味する。自由な人間的主体は、自然の既知および未知の部分と深く結びついた自己決定する動物だ。私たちは自己決定する動物として社会的である。社会性は個人性の付け足しではない。

自然とより大きな社会的形成がなければ、自由を行使することもできないが、両者には既知の部分と未知の部分がある。私たちには自然や社会のすべてを理解することも説明することもコントロールすることもできない。個人性と自由は、ずっと予測不可能なままの複雑なシステムに依存している。

とはいうものの、私たちの自由な主体性は未知の部分にも及ぶ。未来志向であるとは、まさにこのことだ。未来の自分がどんな人間になるかはまだわからないが、どんな人間になりたいか決めることはできる。そしてこの「どんな人間になりたいか」は倫理的評価の対象となる。なりたい自分、手に入れたい未来のなかで、倫理的に望ましいのはその一部だ。未来は少なくとも部分的には白紙である。なぜならそれを予測し、コントロールすることは誰にもできないからだ。

第3部では、未来をつくっていくための具体的ビジョンをいくつか提言する。最初に次世代の企業に倫理部門の設置を義務づけるというアイデアを示す。倫理部門を率いるのは最高哲学責任者（Chief Philosophy Officer、CPO）だ。CPOやさまざまな学問分野から集められた倫理部門のメンバーの判断を、さらなる経済的判断の対象にしてはならない。CPOらは社内あるいは社外からの純粋な経済的圧力から完全に独立している。社内のあらゆる組織と常に対話や協力を行いながら、真の利益のためのアイデアを生み出す研究開発部門ともいえる。そういう意味では、法務あるいは税務部門に似た存在だ。

続いて、子どもへの選挙権付与というアイデアを提示し、民主主義における市民という概念を効用最大化という経済的計算に基づいて行動する「合理的大人」というイメージから拡張していく。そして形而上学的パンデミックという概念、すなわち人間がより大きな自然の文脈にどのように組み込まれているかを見ていく。

最後に、ＡＩの台頭にかかわる重要な問題に目を向ける。ＡＩの持つソシオテクノロジーという性質を理解しなければ、適切に規制したり、剰余価値生産に活用することはできないと私は考える。ＡＩは正確には自律的システムではなく、人間が重要な位置を占める、より大きな社会的総和に組み込まれている。ＡＩが人間の社会を経済もろとも制圧する、再編する、あるいは破壊するといった考えは現実離れしたフィクションにほかならない。ＡＩは経済を一段と加速させることによって未来を形づくる、真に未来志向の技術だ。それは価値判断を測定する新しい方法であり、それゆえに剰余価値を生産する新たな方法となる。ＡＩを持続可能な未来創造のエンジンにしたければ、加速化知能としてのＡＩについて現実的かつ未来志向の概念化を早急に行うべきだ。

第7章　CPOと倫理部門

本書の第2部では、剰余価値生産（要は、経済）は常に価値判断の産物であることを指摘した。人間は異なるものに価値を見いだす。だから財を交換できるだけでなく、価値判断を交換・比較することができる。こうした価値判断を経済的観点から評価すると、交換前には存在しなかった剰余価値が生じる。剰余価値は自然に根差しているのでもなければ、それまでの社会的条件に根差しているわけでもない。それは常に、誰も全体像を把握することのできない複雑な社会的相互作用から新たに生まれる。社会は今も、またこれからもずっと、社会的自由（協力という条件下でのみ可能になる、行動にかかわる自由の次元）に貢献する自由な主体のあいだの予測不可能な相互作用の領域であり続ける。

価値判断は私たちの利益の表れだ。利益の多くは個人的なものである。たとえば私はパプリカが好きだ。だからレストランでもファーマーズ・マーケットでも、パプリカを注文あるいは購入することは私の利益にかなう。これは誰かが、私と共通の利益を持つ十分多くの個人にパプリカを届けるビジネスモデルを生みだせば、パプリカに対する私の個人的利益を満たすことによってお金が儲かることを意味する。多くの人にパプリカを供給する具体的なビジネスモデルをつくろうとすれば、必ず分業が必要になる。パプリカの種をまく人、収穫する人（あるいは人々）。それが市場で流通するにはさらに多くの協力者が必要になり、きわめつけがいまどきのスーパーマーケットを支える複雑な分業だ。だから「スーパーマーケットチェーン」という名は、その体をよく表している。それは確かに市場の集大成としての市場であり、食品（食品以外の必需品や贅沢品も）消費へのきわめて個人的な欲望に幅広く対応することで誰かが利益を得る。

より多くの顧客がいるほど、特定の企業が獲得しうる潜在利益が増大するのは明らかだ。たとえばパプリカ社が大量のパプリカを生産してあらゆる人に届けることができれば、少量のパプリカを生産してファーマーズ・マーケットで細々と販売する小規模農家より利益は多くなる。

ここで、ほぼすべての人、というよりすべての人の利益に合致するモノを提供するビジネスモデルがあるとしよう。たとえば未来の例として、今はまだ発見されていない宇宙のエネルギーを活用し、地球の限界を脅かさずに社会のあらゆる部門に再生可能で環境にやさしいエネルギーを供給する会社、スーパーエネルギー社だ。スーパーエネルギー社はこの新たなエネルギーを発電できるだけでなく、蓄電や配電も可能で、人類は当分のあいだエネルギー問題について頭を悩ませる必要がなくなるとする。その場合、スーパーエネルギー社にかかわる人全員が、同社の存続するかぎり想像もできないほどの富を手にするだろう。当然ながら、同社は独占禁止法の対象としなければならない。強力な独占は資本主義に不可欠な消極的自由と相容れないからだ。

これは道徳的善行によって利益を得ることは可能であるだけでなく（このケースにおける道徳的善行とは、現代のエネルギー問題を完全かつグリーンに解決する方法を生み出すこと）、起業家のクリエイティビティに対する経済的インセンティブになるという私の主張を示すシンプルな例だ。野心的な経済活動、そして欲深い者さえも、道徳的善行を通じて利益を得ることに関心を持つはずだ。

ここで、多くの倫理的問題にはまだ解決策がない事実を指摘しておくことが重要だ。私たちはあらゆる倫理的問いに答えられる状況には程遠い。しかし、私の考えが正しければ、意味のあるかたちで提示されるすべての倫理的問いには対応する答え（あるいは答えの範囲）があり、それゆえに道徳的善を実現し、道徳的悪を避けるような行動をとれることはわかる。

後で詳しく見ていくが、現代の喫緊の課題としてＡＩの倫理が挙げられる。ＡＩの研究とＡＩシステムが絶え間なく急速な発展を遂げていることから、ＡＩの開発と使用についてはまだ誰も答えていない倫理的問いがたくさんある。同じようなことが、現在の経済のほぼすべての側面についてもいえる。近代の経済的進歩と剰余価値生産は、イノベーションと絶え間ない製品とその生産条件の改善にかかっているからだ。

倫理部門の機能

本章の思考実験と提案では、哲学者の率いる人文科学と社会科学の専門家集団がいると想像してみる。彼らの責務は経済発展の最前線で、具体的な倫理的問いに答えることだ。しかも与えられた問題に新たな解決策を見つけられるか否かが成否を決める企業という現実的状況で、それを行わなければならない。わかりやすい例として自動車メーカーのケースを考えてみよう。現代の個別化と加速化の進む移動のあり方から生じる生態学的コスト（負の外部性）をできるだけ抑えつつ、常に新しい車種を発表していかなければ生き残れない。どの自動車メーカーでも生態学的進歩を遂げること（典型例は二酸化炭素排出量の削減）は数ある倫理的課題の一つに過ぎない。自動車メーカーは自社製品の複雑でグローバルに分散したサプライチェーンに目配りしつつ（ここには持続可能性の問題もかかわってくる）、同時に公正な報酬、インフラの整備、地政学、税制といったさまざまな問題と向き合わなければならない。

ある自動車メーカーが倫理部門を立ち上げたとしよう。その役割は、自社の製品ラインのあらゆる側面をよく調べることだ。そこには会社自体の自己再生産も含まれる。なぜならあらゆる会社はなによりまず自らを生産し、その後も再生産を繰り返すからだ。それを通じて賃金、役員賞与、株主利益などのかたちで内部剰余価値を生み出すのだ。会社が経済的に成功するためには、消費者向け製品と会社の内部自己評価は適切に結びついている必要がある。倫理部門は原則的に、その内部文化（社内、サプライチェーンと物流ラインの全体におけるジェンダーその他の人類学的多様性を含む）から、直近の研究開発結果や投資先候補まで、社内のあらゆる情報に精通している。

こうしたデータに自由にアクセスする権限を持てるというのは、倫理部門のメンバーを引き受ける知的インセンティブとなる。この思考実験においては、倫理部門に精神的独立性があり、知的能力が高いスタッフが集まることが重要だ。それぞれの学問分野を代表する研究者でありつつ、民間部門のために働く意欲がある。彼らの動機には常に二つの要素がある。一つは狭義の経済的動機（学術機関より報酬が大幅に高いなど、労働環境が良い）、そして二つめが知的動機だ。倫理部門のメンバーとなる知的メリットとは、複雑な経済的現実への完全なアクセス権だ。こうしたデータを部外者と共有する会社など存在しないことから（自由主義の維持に不可欠な市場経済の競争条件のため）、それはメンバーにならなければ入手できないものだ。

倫理部門は現実世界のデータから得た知見に基づいて、会社が直面している具体的問題に対する真に倫理的な解決策のポートフォリオを作成する役割と全面的責任を負う。会社が倫理部門からの提案の実現に関心を持つ理由は、従業員、株主、顧客などステークホルダーの利益に奉仕することは原則的にあらゆる会社の利益になるという事実を認識しているからだろう。道徳的問題が私たちの人間としての利益にかかわるものである以上、倫理部門は会社が活動するスケールにおいて人間の普遍的利益を見つけるだろう。それは普遍的価値判断のエネルギーを解き放つことであり、あらゆる価値判断には倫理的要素が含まれているという最近の洞察を活用することだ。人間は決して単に消費対象となるモノに関心があるだけではなく、常に自らの消費を通じて自らと他者の生活を改善することにも関心があるからだ。

こうした特徴を示すありふれたシンプルな事例は、デジタル決済システムの導入だ。決済取引に経済的価値を自由に追加したいという強いインセンティブが働く文化やサービス産業で、顧客が提供されたサービスに対する価値判断を示すためにチップ（通常は一五〜二五%）を自動的に追加するシステムの導入は画期的意味を持つ。それによって購入した財やサービス（レストランで食べた料理、ウェイターの親しみやすさや専門知識、タクシーの車の状態やドライバーの運転技術など）の品質が正式に合意された取引価格を上回った場合、その剰余分への評価を示せることになる。決済システムにこのレイヤーを追加することは、これをソフトウエアの一機能として提供する会社に巨額の利益をもたらすだろう。このソフトウエアに接続する機械の台数は増え、労働者や会社にはサービスを向上し、従業員などの質を高めるインセンティブが働く。

これを非デジタルな例と比べてみよう。昨日、私はモントリオール港のボートツアーに参加した。ツアーの最後に船長は乗客全員に挨拶をしたが、その手には乗客がいくばくかのチップを入れるための金魚鉢を持っていた。チップを得たいという気持ちが前面に出すぎていたのと船長が物理的に目の前にいたことで、たとえばツアーの最後にサービスへのオプションとして選べるようにするケースより集まったチップははるかに少なかったはずだ。ボートツアーへの支払いを乗船後にすることにして、そのときデジタル決済の一環として船長へのチップを追加できるようにしたらどうか。そのほうが経済的メリットは大きいと私は思う。

対照的な例として、港から地下鉄駅に向かう途中、ノートルダム大聖堂の前で大道芸人がチェロを弾いていた。おなじみの小銭や紙幣を入れるカゴの代わりに、看板にQRコードを貼り、見物人が演奏への評価（それぞれの審美的価値判断）として四ドル払えるようにしていた。取引の簡単さ、チェロ演奏の品質、場所などを考えると、大道芸人のビジネスモデルは金魚鉢やカゴほどあからさまではないかたちで価値評価を示すことを可能にし、顧客の倫理的問題を直接的に解決するものだった。

私がいわんとしているのは、自分の追加投資が人間の生活の改善（あるいは、たとえば森林再生のため航空券に追加料金を支払うなど人類共通の環境の改善）につながることがわかっていたら、支払能力がある人なら誰でも喜んでチップや他のかたちで特定の会社の経済的利益に貢献しようとするだろう、ということだ。人間には共感能力がある。お互いや共有する環境を大切に思い、道徳的善行（たとえそれがきわめて小さな規模でも）をするためなら進んで多少の経済的価値を価格に上乗せする。

倫理部門の重要な役割の一つが、会社の領域内の社会経済取引のうち、道徳に関係する側面と無関係の側面を区別することだ。「会社の領域」には生産という内的プロセスと、顧客との外的関係の両方が含まれる。会社のあらゆる社会経済取引ではさまざまな種類の価値判断がなされ、その価値の総和が会社の全体的収益となる。経済的成功を測ろうとするとき、私たちが測定しようとするのはこの総和だ。そこに寄与するさまざまな要素があまりに複雑であることから、正確な価値を測ることは不可能だが、おおよそを把握するだけでも進歩といえる。そこには倫理的要素と非倫理的要素が一体となっているため、倫理部門は両者を区別しなければならない。ひとたび倫理部門が特定の意思決定空間について適切な道徳的事実と価値判断を明確にしたら、会社は真の利益を最大化するためにどこを改善すべきか、何に投資すべきかがわかる。

この手続き全体が、グリーンウォッシングや倫理ウォッシングとは対照的であることに注目してほしい。倫理部門の機能は、政治家や行政機関や消費者の目に会社がよく映るようにすることではない。倫理部門は単なるPR、あるいはコンプライアンスの下位部門ではない。会社の領域内に存在する道徳的問題を特定することで収益を高めることがその戦略的役割だ。道徳にかかわる問題はあらゆる人にかかわることであり、それゆえに会社の経済的領域をきわめて個人的な選好にかかわるものから人間的選好にかかわるものへと広げる可能性がある。

だから倫理部門に他の勢力からの完全な独立性を保証することが重要だ。税務部門の判断に背くことが許されないように（それは法的にも財務的にも重大な結果をもたらす）、倫理部門も戦略の基礎となる方向性を示す。この事実は会社のガバナンス構造全般にも反映させなければならない。会社のガバナンス構造のなかで、倫理部門に対して恣意的な影響を及ぼす権限を誰にも与えてはならない。

言うまでもなく倫理部門が実際に分析するケースは会社の利益にかかわるものだ。企業内の倫理部門は、何でも引き受ける研究部門ではない。倫理部門の研究は、他の研究開発活動と同様に会社の利益基盤の一部だ。それと同時に、倫理部門には会社の経済活動領域についての自らの研究に基づき、製品ラインの変更や会社の再編を提言する権限を持たせるべきだ。だからこそ倫理部門の判断には拘束力を持たせるべきで、それは上層部の影響力から独立性が必要であることを意味する。

倫理部門を率いるのは最高哲学責任者（CPO）だ。ここで「倫理」ではなく「哲学」という言葉を使っているのは、哲学の研究領域のなかに倫理部門で重要な役割を果たすものがあるからだ。たとえば哲学の研究領域は技術、知識、社会、人間の精神、ジェンダーなどの本質であり、しかも学問分野や部門を超えた議論をとりまとめられるような包括的次元で研究を行う。

哲学は人間の知識獲得の本質を最も包括的に探究する学問であり、だからこそ訓練を積んだ哲学者は倫理的問題と重なるような人間の思考と行動のパターンを特定する役割にうってつけなのだ。CPO以外の倫理部門のメンバーには、会社の具体的なビジネスモデルに応じてさまざまな学問分野や産業分野を代表する人材を集めるべきだ。トヨタ自動車が必要とする専門家の顔ぶれは、任天堂や食品スーパーチェーンとは異なる。グローバル志向の会社なら異なる市場や国民を研究する言語や文化の理論家が必要だし、特定地域に集中する会社なら対象とする市場や社内運営の専門家だけでよいだろう。

もしも、フェイスブックに倫理部門があったら……？

倫理部門の必要性についての私の主張を補強するため、たとえばフェイスブックに創業当初からそのような独立した部門があったと想像してみよう。初期のフェイスブックの魅力は、社会とのつながりや、究極的にはより大きな社会的自由を約束していたところにあった。そのようなプラットフォームは政治的不正に関するデータの共有を可能にし、道徳的進歩への動機づけとなることで平和的革命にさえつながるのではないかと期待した人も多かった。みなさんはアラブの春を覚えているだろうか。フェイスブックをはじめとするソーシャルメディアが重要な役割を果たしたさまざまな社会的動乱は、自由民主主義の価値観を広め、人類の進歩につながると多くの人が考えた。だが結局明らかになったのは、ある国で有効な道徳的進歩を達成するためには、人々を結びつけるだけでは不十分であるという事実だった。なぜなら、悪意ある行為主体が同じシステムを使って抵抗者を見つけ出し、その自由を制限することが可能だからだ。こうしてアラブの春は失敗し、その後も私たちはソーシャルメディアが心理操作、チャットボット、フェイクニュースといった手段を通じて道徳的進歩や人間の解放の足を引っ張ることに利用される様子を延々と目の当たりにしてきた。

フェイスブックの創業初期に倫理部門が存在していたら、コンテンツ・モデレーション（投稿監視）のシステムを組み込み、フェイクニュースやチャットボットがデジタル領域を支配できないようにすべきだと進言していただろう。ディスカッション・フォーラムやデータ交換には、アナログな人間の取引に適用されるものと同じ倫理基準が適用されていたはずだ。実際、倫理部門が存在していたら、オンラインのコミュニケーションをオフラインのそれより倫理的にするよう推奨していただろう。なぜならプラットフォーム自体のデジタルインフラのおかげで、デジタル環境のほうが非デジタルな人間同士の出会いの場より対話やコンテンツを管理するのははるかに容易だからだ。オンラインでのあらゆる交流がきわめて高い倫理基準に基づいて構築され、メールで殺害予告を送ったり、オンラインフォーラムで他者を侮辱したり、会社のビジネスモデルの巻き添え被害としてユーザーを中毒や鬱に陥れたりすることが不可能になったら、二一世紀の様相はまったく違うものになるだろう。

それは言論の自由の制限にはまったく当たらない。オンライン・コミュニケーションはいずれにせよ、自由な言論の場にふさわしくないからだ。私たちが言論の自由に価値を見いだすのは、共通の関心事についてさまざまな視点を探求することが道徳的進歩につながるからだ。だがその前提となるのは、オンライン・コミュニケーションから独立した真理や事実へのアクセス、ひいては信念や意見を仲裁する方法へのアクセスが保証されることだ。リアルな世界では事実を示すことができ、独立した裁判所、裁判官、専門家も存在する。オンラインの世界ではコミュニケーションの文脈の複雑さや独立した事実へのアクセスが遮断されているために、こうした条件が一つも当てはまらない。

フェイスブックに倫理部門があれば、特定のプラットフォーム上でのオンライン・コミュニケーションは公的領域の一形態にはなりえないことに早い段階で気づいたはずだ。些末なことだがフェイスブックのようなプラットフォームは正確には公的ではなく民間のものであり、だからこそ収益化が可能なのだ。資本主義できわめて重要なのは（だから倫理資本主義においてもきわめて重要である）生産手段の私有だ。だからプラットフォームを公的なもの、あるいは民主的なものに見せかけ、ユーザーに対してその本質を偽ってはならない。これは倫理的義務だ。ソーシャルメディアは公的領域という幻想を追いかけるのではなく、（リンクトインのような）仕事用のネットワークにとどまるべきだった。

新たな市場が生まれる

インターネット到来以前の公的領域とそのメディア（新聞、ラジオ、テレビ）に問題がなかったと言っているわけではない。ただ、こうしたメディアや、民間が所有する報道機関と社会のさまざまなセクターとの相互作用に関しては、複雑な倫理が設けられてきた。オンラインのソーシャルメディアと同じように、新聞は倫理的検討の対象となる。この事実は新聞の歴史に反映されており、近代のメディア史において常に議論されてきた。倫理部門はこれらの要素すべてをフェイスブックのビジネスモデルの策定に組み込んだはずだ。それでもすべての倫理的問題を防ぐことはできなかっただろう。その多くはそもそも予測不可能だからだ。新たな技術やビジネスモデルが登場すれば、新たな道徳的問題が生じる。しかしひとたび道徳的問題が認識されたら、入ってくる情報に照らして即座に社会的形成の流れを修正する必要がある。一見成功しているビジネスモデルは決まって短期的、近視眼的な惰性に陥っており、それを継続しても必要な倫理的アップデートは行われない。道徳的進歩はときに過激なイノベーション、あるいは「創造的破壊」を必要とする。創造的破壊を科学技術の進歩に矮小化してはならない。それは道徳的領域でも起こりうる。倫理資本主義は道徳的洞察を活用することに勝機を見いだす。

だがそのためには真に倫理的な研究とイノベーションが必要だ。真に倫理的な研究とイノベーションを促すためには、倫理部門にはさまざまな分野から多様な専門家を集める必要があるが、あまり規模が大きすぎてもいけない。思考実験を続けると、私がイメージするのは自らワークショップ、セミナー、研修講座などを主催して外部から新たな専門知識を取り込むようなリソースを有する一〇人ほどの集団だ。たとえば自動車会社であれば、CPOと、それぞれ倫理学分野で異なる訓練を積んだ倫理学者が四人、人文科学や社会学など他の分野の専門家が五人（当然ここには経済学者を少なくとも二人含める）という顔ぶれだ。このメンバーが協力して思考実験を考案し、社会実験や意識調査を設計し、外部の専門家とともに実行する。倫理部門のモデルがその経済的威力を示せば、新たな市場が生まれるだろう。

倫理部門のメンバーはすべて、少なくとも博士課程レベルの十分な教育を受けた学者だ。企業が各学問分野のトップクラスの人材を招聘できるのが理想だ。学者にとってインセンティブとなるのは現実世界のデータや意思決定に触れられることで、それらは将来的に学術研究にフィードバックされる。そうすることで価値判断の活用という近代の戦略に基づいて人間の条件を改善するという全体的な社会目標の下、産業界と学術界が互いを補完できるようになる。

　これは美徳シグナリングの経済価値を皮肉っぽく擁護する試みではない。見せかけの話ではなく、多様性、包摂性、正義、道徳的進歩といった価値観についての真の研究に取り組もうという話だ。たとえば倫理部門は政治プロセスによって策定されたＳＤＧｓに貢献することだけを目指すわけではない。それらをさらに改善し、社内の業務と社会全体との対外的コミュニケーションに関して独自の目標群を策定する。倫理部門で生み出される研究成果については、自社の経済的権益を損なわない範囲でデータや知見の一部を公開し、社会の他の部門（学術界、政界、芸術界、市民社会）とも共有する必要がある。

第8章　子どもたちに選挙権を！

「資本主義」はせいぜい今日の社会経済システムの一つの特徴を示す言葉であり、決して社会全体の特徴を語る言葉ではない。資本主義社会などというものは存在しないし、私たちがまず想像し、それから代替策を実行できるような単一の経済システムとしての資本主義も存在しない。

もちろん近代社会の病的ともいえるさまざまな特徴のなかには、資本主義の歴史と、すなわち私有財産、自由契約、自由市場の創設と法的保護に関連するものもある。なぜなら私有財産があるところには、必ずそれを維持・蓄積することへの関心が生じるからだ。新たな収益源を生み出し、資本化するための一つの方法が、人間の活動や共有するコモンズ（水、森林、空気など）の「商品化」であり、それは危機的で病的なレベルに達することもある。近代におけるその最も極端な例が奴隷制度、植民地化、他国からの資源収奪を目的とする帝国主義、そしてなにより科学技術の進歩と真のコスト（環境コストや社会的コスト）の一部を社会全体や人間以外の自然に押しつけることで利益という抽象的概念を生み出す誤った帳簿システムの結果である環境の悪化と破壊だ。

こうした理由から、近代の経済活動（資本主義に限定されない）は政治的規制と統制を必要とする。ここにおいて中核的役割を果たすのが道徳的進歩という概念だ。一般的に「道徳的進歩」は、これまで政治勢力から無視、抑圧、あるいは否認されていた道徳的事実を、社会が大々的かつ組織的に認めることだと私は考えている。[112] 奴隷制度廃止というわかりやすい例を挙げよう。奴隷制度が極端な害悪で、道徳的に許されない（悪である）ことは常に道徳的事実であった。何人たりとも、決して誰かの奴隷にされるべきではない。これはあらゆる時代のあらゆる国民に当てはまり、たとえ奴隷制度が適切で合法的な人間の所有形態として広く容認される社会においてすら事実だ。そして奴隷制度が間違っているという道徳的事実を認識していた人は常に存在したというのも、また真理である。とりわけ奴隷制度に苦しんできた人々だ。法的制度および社会経済的に妥当とされる慣行としての奴隷制度の廃止は、（奴隷制度が悪であるという）道徳的事実が社会全体に認識され、この社会経済的慣行が終結し、自由契約と労働力の商品化という他の生産様式によって代替されたという意味で道徳的進歩である。資本主義と自由市場自体が奴隷制度を終わらせることはなかっただろう。道徳的進歩のためには社会運動、反乱、社会に深く根ざした矛盾や対立、道徳的洞察、英雄的な人々、その他さまざまな道徳的進歩と政治改革を理想とする闘争など、経済以外の力が必要だ。マイケル・サンデルが『それをお金で買いますか——市場主義の限界』(113)に書いているように、私たちが「市場には道徳的制約がある」と認識している事実は、一般的に道徳的進歩の重要な推進力だ。

「大人主義」という差別

道徳的進歩のもう一つの例が、参政権の対象から女性を排除しているかぎり本当の民主主義は実現できないという道徳的事実の認知につながった、女性参政権を求める闘争だ。今では男性だけに投票させるのは容認できないというのは明白な事実であり、それは女性が投票を認められていなかった時代から明白であったと私は思う。だからこの悪しき慣行の支持者たちは、客観的に容認しがたい状況を維持するためにイデオロギー、プロパガンダ、誤った信念などを必要とした。

私は二〇一九年にニューヨーク大学の客員教授として、アメリカを代表する政治・法哲学者であるトマス・ネーゲルと道徳的進歩の概念と現実について議論した(114)。そんななか、とある思い出深い昼食の席で小説家のダニエル・ケールマンから、今日の社会の特徴のうち、隠れた不道徳な事実に該当しうるものは何かと尋ねられた。これはいつの時代も、社会経済生活に関する重要な問いだ。それから一〜二年ほど考えて、そのような特徴が一つあるという結論に至った。現代の民主主義文化における一つの病理とは、子どもたちに参政権を認めず、文化全体で大人主義を保持しているという事実だ[115]。「大人主義」とは、大人のほうが合理性において優れているという主張に基づいて、子どもに負の差別をすることだ。そして子連れで旅をしたことがある人なら誰でも経験があるように、確かに大人のほうが優れている部分はある。子どもは大人の世界を邪魔するように見えることもあるし、レストランで騒ぐし、おとなしくしていられない。不合理な判断をすることもあれば、簡単に注意散漫になるなど、挙げていけばきりがない。

ただ、現実として、子どもたちは私たちの未来である。今生きている子どもたちなしに、誰も年金を受け取れる見込みはなく（子どもたちは将来的に富と税収を生み出す）、前向きな社会変化も期待できない。ハンス・クリスチャン・アンデルセンが一八三七年の童話『はだかの王様』に描いたように、道徳的進歩は往々にして子どもの介入によって起こる。都にやってきた詐欺師が、目に見えない服を作れると王様に信じ込ませる。王様は詐欺師の仕立てた新しい服を「着て」、はだかで都を練り歩く。誰もが王様の新しい服が見えているフリをして褒めそやすなか、一人の子どもが「王様ははだかだよ」と指摘する、という物語だ。

身近に子どもがいる人なら「王様ははだかだ」的場面をたくさん経験したことがあるはずだ。子どもたちは社会や自然を彼らの目で見たり、私たち自身に関する新たな側面に気づかせてくれたり、当たり前とされる事柄に疑問を呈したりすることで、絶えずいろいろなことを教えてくれる。子どもたちは道徳的進歩の重要な推進力だ。それに加えて子どもたちの苦しみ以上に耐えがたいことはまずない。子どもたちが傷つきやすい集団であるという事実は、多くの道徳的洞察の源泉である。なぜなら子どもたちに危害を加える行動に直面すると、道徳的事実の存在を否認するのはきわめて難しくなるからだ。子どもに常に危害を加えようとする文化や集団は、長くは続かないだろう。このように進化の基本にかかわる理由から、親社会的哺乳類である人間は子どもたちを前にすると道徳的事実の重要性を理解する。

真に普遍的な選挙権

こうした検討をもとに、現代社会の倫理基準を向上させるための思考実験として、真に普遍的な選挙権という考えを見ていこう。私は子どもたちに選挙で投票させるべきだと考える。これは倫理資本主義という提言を補完するエコ・ソーシャル・リベラリズムというプロジェクトの一環だ。

この考えの利点を理解するためには、大人主義のステレオタイプを破壊することから始めるのが重要だ。このステレオタイプによると、選挙権は合理性を持つ人々に付与される。そこでは大人は、社会生活における政治制度の複雑さを理解する能力があり、自らの利益と自らが所属する選挙民全体の利益を十分認識している合理的動物として描かれる。人生経験があるおかげで、大人の投票行動はまったくのデタラメではなく、原則的には合理的根拠に基づいて擁護できるような合理性を持つ。大人は現代の哲学者が「理由を求め、与えるゲーム」と呼び、一部の有力な政治理論家（最も著名なところではユルゲン・ハーバーマス）によれば民主主義の基礎となる理想的なゲームの参加者だ(116)。

新生児や乳幼児など自らの行動を代替案と比較する能力は言うに及ばず、自らの行動に合理的理由を与える能力が明らかにない人間もいることは間違いない。他者の立場で考える、あるいは自らの行動の理由を合理的に正当化する能力が明らかに身についてくるのは、せいぜい二～五歳くらいだ。しかし人生の初期段階にある子どもたちが、自らの行動について興味深く、往々にして多くの大人よりも優れた理由を挙げるのもまた事実だ。明らかな事例が戦争や極端な暴力だ。プーチンはロシア軍がウクライナの民間人のための施設（学校や幼稚園も含まれる）にロケット弾を撃ち込むことを正当で、道徳的に必要なことだとすら考えているが、子どもたちの大多数がそれに同意しないことははっきりしている。プーチンが大人であるからといって、この戦争を（あらゆる侵略戦争やそれに付随する極端な暴力と同じように）悪の所業であると正しく認識している多くの子どもたちより合理的だということにはならない。

ほぼすべての社会政治的問題について、同じようなシナリオが成り立つ。ただ年輪を重ねただけで合理的な意思決定能力が向上するわけではない。

要するに、投票する権利が付与される理由は大人が合理的動物であるためという考えは、子どもたちに投票権を与えない理由としては不適切なのだ。有権者がとりたてて合理的であるとか博識であるといったことは、実は投票権を付与する要件ではない。たとえば複雑な税制改革案を、あらゆる選挙民が完全に理解しているわけではない。政治は単に合理性だけの問題ではない。そこには人間の生活の他の多くの側面がかかわっている。たとえば自らの主観的な人生経験、多元的な自由民主主義において自らの複雑な社会的立場を認知してもらうために戦うことなどだ。

児童心理学者のアリソン・ゴプニックは著書『哲学する赤ちゃん』のなかで、子どもらしい意識はその後の意識の発達段階とは異なることを指摘している(117)。特に子どもたちは自らの環境を、あらかじめ意味が決定された対象や事物から成る構造物ではなく、原野のように認識する。たとえば会合に出席するため、東京で地下鉄に乗るというありふれた状況を考えてみよう。経験豊富な大人の乗客は、地下鉄に乗るという体験の構成要素の多くを内面化している。どこで切符を買い、何線に乗るかを把握し、車両内ではじっと立ち、他の乗客や流れていく景色はほとんど気に留めない。そこにあるのは地下鉄に乗るという複雑な社会的慣行だ。この確立された慣行に照らして、大人は地下鉄乗車という原野に存在する多くの事柄を無視して、いつもと違う少数の事象に集中する。このように私たちの日常生活はなじみのある物体や構造であふれていて、おおよそ安定したものに感じられる。

対照的に、子どもたちはこうした慣行の多くをありのままに経験し、しかもそれらを「既知の安定的なモノ」と「新しい予想外の場面や出来事」に分類しない。子どもたちは大人の旅行者が初めて出会った未知なる文化を探検するときと同じように、すべての状況を探検する。自国の文化的基準が異国的、異質、風変わりとみなされる国や文化に旅をすれば、あなたも子どもと同じような現実を経験するだろう。だから子どもたちは大人には見えないものに気づくことができる。ここに、切実に必要とされる前向きな社会変化に求められる洞察を得る機会がある。

子どもの想像力が未来を変える

私は真に普遍的な選挙権、すなわち子どもへの投票権付与の議論をするとき、いつも相手にこう尋ねる。あなたの周囲に日本語、アラビア語、古代ギリシャ語などの複雑な言語を数カ月で習得し、訛りなく話せる人がどれだけいますか、と。たいてい相手はとびぬけて優秀な知り合いを思い浮かべるが、すべての子どもにはどんな複雑な言語でも第一言語として、さらには第二または第三言語として習得する能力がある事実を失念している。子どものほうが新しいことを学ぶ能力が高い理由の一つが神経可塑性だ。子どもの脳は発達途上にあり、神経構造のなかのリンクをつないだり、つなぎ直したりする柔軟性が高い。要は子どもたちのほうが大多数の大人よりはるかにオープンマインドなのだ。

こう考えると問題は、なぜ私たちは政治的意思決定という最も重要な領域から子どもを排除するような決断をしたのか、ということになる。大人が政治領域で扱う問題の多くはとりわけ子どもたちに大きな影響を与えることを考えれば、この問題はさらに重大になる。大人は子どもたちの教育、幼稚園や学校の開校時間（そもそも開校するかどうか）、教育の内容、成績評価や試験の仕組み、与える食事、そして現在や将来において利用できる生活基盤について意思決定をする。

近年で最も強力な社会運動「フライデーズ・フォー・フューチャー」は子どもたちが主導した。グレタ・トゥーンベリの存在とその後の抗議運動がなければ、人間が引き起こした気候変動の弊害についての国際的認知度が新たな次元に到達することはなかっただろう。子どもたちは化石燃料主導の近代の魅力に幻惑されずに環境汚染や破壊を直視する。なぜグローバル化した経済の分業体制によってつくられた環境を汚染する車に乗ろうとするのか、海洋生物を破滅させるような生き方をするのか、子どもたちにはまるでわからない。なぜ別々の場所で自動車用のタイヤや部品を製造し、最終的にさらにまた別の場所で組み立てるのか。大人の経済的説明（というより言い訳）は当然ながら子どもたちには意味をなさない。なぜなら私たちの説明はよく考えれば、たいてい洗練されたイデオロギー的たわごとに過ぎないからだ。

なぜ労働に対して他者より多くの報酬を得る人がいるのかという疑問をきっかけに、誰も望まない低賃金の仕事についてどんな会話が生まれるか、一例を紹介しよう。あるとき私の娘が（当時五〜六歳）、なぜ駅のトイレを掃除する人より駅長のほうがお金をたくさん稼げるのかと尋ねてきた。もちろんこの事実に対する説明はいろいろ考えられるが、娘はそのどれにも完全に納得しなかった。続いて娘は、多くの人から見ると望ましくない仕事について尋ね、そうした仕事の報酬も、より楽なホワイトカラーの仕事よりはるかに低いことを知った。それについても私たちはたくさんの理由を示すことができるが、いずれも客観的には本当に納得できるものではない。詳しい話は省くが、娘は資本主義的な自由契約の下での分業という問題について、もっと公平な解決策を思いついた。世の中にはみんなが好きなものがある（娘が挙げた例はピザやチョコレートだった）。だから誰も望まない仕事に一定時間を費やした人だけが、そういうものを買えるようにしたらどうか？　つまりある月にピザを買いたければ、それまでに公共トイレを何カ所か掃除したり、社会奉仕をしたりする必要があるという制度だ。確かにこの方法ならコミュニティの連帯意識は高まり、相互理解も深まるだろう。

このかなり過激な、生煮えの政策提案を実行すべきだと言っているわけではない。しかし、ここには議論し、実行可能な社会政治的慣行に転換する価値のある真理が含まれている。それは倫理部門の役割になるはずで、この部門は定期的に子どもたちの話に耳を傾けることになるだろう。

子どもはたいてい未来についての別の選択肢を想像するのが得意だ。彼らの空想上の現実から多くを学ぶことができるし、その夢の世界や生活経験と向き合えば利益につながるだろう。気候危機の時代に移動手段をどう整えるべきか。どうすれば人間性を新たな視点で見て、人間社会を蝕《むしば》む人種差別などさまざまな負の差別を克服できるだろうか。たとえば人類共通の問題について大人が子どもと議論する政治トークショーがあったらどうか、想像してみよう。大人が具体的な政治のアイデアについて子どもたちをどう説得するか（そもそも説得できるのか）、とても興味深い番組になりそうだ。

子どもたちに何歳から選挙権を与えるのかという問いへの私の提案は、誕生時からだ（子どもはこの世に生まれ落ちて初めて子どもになるわけではないので、それ以前から始めることも可能ではあるが）。適切な年齢（おそらく三、四歳）までは親や法定後見人が代理で投票できるようにする。このためには正当性にかかわる規範的システムが必要になる。私の提案は、子どもがゼロ〜三歳までのあいだに親や法定後見人が行った投票行動の根拠を知る権利を、子どもたちに生涯保証するというものだ。それは子どもの代理で投票する人に十分な規範的圧力となるだろう。子どもが三歳か四歳になったら、子どものために特別にデザインされた選挙活動や新たな慣行が必要になる。

当然ながら子どもの選挙権が実施されたら、始めるまでは完全に評価や把握するのが難しい社会政治的結果に対応できるように、法律を適応させなければならない。たとえば政党が有権者に対する大規模な詐欺や操作を行うようなことがあれば、規制を導入しなければならない。そしてもちろん、学問分野を超えた専門家のチーム（児童心理学者、教師、政治科学者、神経科学者、倫理学者、経済学者など）が子どもたちの政治活動や投票のあり方の詳細を詰める必要がある。親や法定後見人は子どもと政治を議論する方法を学ばなければならない。それは政治文化を変えるだろう。私たちの生活も確実に変わる。レストランには充実したワインリストに加えて、同じように充実したデザート、飲み物、ゲームのメニューが登場するかもしれない。

このエコ・ソーシャル・リベラリズムにもとづく道徳的進歩は、倫理資本主義の実践も促す。なぜなら子どもたちがある程度の政治力を持つという新たな現実と向き合う企業には、多くの経済機会があるはずだからだ。倫理部門はまだ字の読めない子どものための投票インフラなど、子どもの選挙権を支える道徳的に持続可能な提案を検討するかもしれない。

道徳的進歩から利益を得ることに何も問題はない。道徳的善行によって利益を得ることは、マイノリティや抑圧された集団の社会経済条件を改善する可能性がある。子どもが選挙権を持つ世界という未来のビジョンと同じように、ジェンダー問題というすでに進行している道徳的進歩も容易に収益化の対象となりうる。たとえば日本はいまだにジェンダーとダイバーシティ（多様性）の問題においては望ましい状況にはない。男女同権にかかわる基本的改革が切実に求められている。ジェンダー平等を推進するには、政治や規制に頼っているだけでは不十分だ。経済発展では同水準にある他の先進工業国とジェンダー平等においても肩を並べるために、新たな社会運動が起こるのをただ待つわけにはいかない。

このため日本におけるジェンダーとダイバーシティをめぐる状況を改善するうえで、企業が活躍する余地は大きい。たとえば主要企業の倫理部門が、社内でジェンダー平等の社会実験を始めてもいい。それによってジェンダー平等やダイバーシティを高めたいという道徳的価値観を持つ人々が、こうした企業で働くことに魅力を感じるようになる。職場のジェンダー平等とダイバーシティが進んでいるほど、クリエイティビティが解き放たれることは多くの研究で明らかになっている。ある問題に対してより多くの視点を集めるほど、新たなソリューションスペースを見つけられるようになり、それは真の（道徳的に進歩的な）利益に転換することができる。さらなる道徳的進歩から利益を得ることを躊躇する理由はない。

ここまでの議論をまとめよう。現代の経済生活の病んだ部分には大規模な政治的規制が切実に必要とされており、そのためにはより多くの人々の参画が必要だ。さもなければ民主的社会制度は硬直化してしまう。道徳的進歩を促す声に耳を傾け、私が「倫理資本主義」と呼ぶもののツールを含めたあらゆる手段を使い、道徳的進歩を実現する必要がある。この章では、子どもたちを有権者に含めることによって、彼らの創造力の可能性を解き放つべきだと主張した。道徳的進歩を実現するために子どもたちに投票させ、その結果を新たな政策（規制）と進歩的なビジネスモデル（自己規制）に反映させる。それは社会的自由の増大につながり、ひいてはいまだに道徳的進歩の人間の幸福への貢献を測ることのできない、表層的な現行の経済指標を超えた経済発展に寄与するだろう。

第9章　形而上学的パンデミック――欲望をコントロールする

　ここまで見てきたとおり、資本主義には常に制約がある。資本主義は常に社会的慣行としての経済の一側面でしかない。社会的慣行である経済には、資本主義的剰余価値生産に還元できない多くの次元がある。こうした次元には、たとえば法的規制、地政学的統合、工業的政治、そして最後に消費欲などが含まれる。現状の社会的病の重要な原因を特定するために社会の全体状況に批判的なラベルを付けるなら、古典的呼称に立ち戻るしかない。フランスの有力な社会学者ジャン・ボードリヤールの「消費社会」である[118]。

　ボードリヤールは早くも一九七〇年の時点で、最大の問題は資本主義そのものではなく消費であると指摘している。そして消費は私たちの欲望と結びついている、と。「経済成長の悪循環」と題したすばらしい章では、一面的な経済成長の問題を的確に述べている。長くなるが引用しよう[119]。

　豊かさ、つまり常に増加する個人的および集団的財と設備の発展は、その代償として常に深刻化する「公害」を招くことになった。公害、それは一方では産業の発達と技術の進歩の結果であり、他方では消費の構造そのものの結果でもある。

まず経済活動によって共有の生活空間の劣化が起きている。騒音、大気と水の汚染、風光明媚《めいび》な景色の破壊、新しい施設（空港、高速道路等）の建設による住宅地域の混乱。交通渋滞は技術的・心理的・人的な面で途方もない問題を引き起こす。だが、それはどうでもよい。というのは、必然的な過剰設備投資やガソリンの追加消費や交通事故にあった人びとの治療費などは、帳簿上はすべて消費として記録され、国民総生産と諸統計に組み込まれて、経済成長と富の指数となるだろうからである。ミネラル・ウォーター産業の繁栄は、だいたい都会の水が飲めたものではないことの表れだが、この産業の繁栄は「豊かさ」の実質的増大と言っていいのだろうか。似たような話はたくさんある。経済成長の機構に内在する公害を緩和するだけにすぎない生産・消費活動をいちいち数えあげたらきりがない。生産性の増加は、いったんある段階に達すると、成長による成長の治療というこの類似療法によって、ほとんどすべて吸収され使い果たされてしまうのである(120)。

昨今の脱成長運動とは異なり、ボードリヤールは環境と文化の劣化という難題の責めを資本主義や生産性に負わせず、分析を進めていく。問題は私たちの欲望、消費への欲望であり、これは資本主義的な剰余価値生産がもたらす豊かさの巻き添え被害の一種であり、間違いなく想定外の結果である。

こうした検討に基づく私の結論は、現在の危機に立ち向かうためには資本主義だけでなく、私たちの欲望とも向き合う必要があるというものだ。なぜなら地球の資源が有限であるため、成長には確実に限界があることはわかっているからだ。というより、私たちが持続可能性のためのあらゆる基準を満たすような厳格な意味での循環型経済を構築する方法を見いだすまで、こうした限界は存在する。

新型コロナの封じ込めの成功が意味するもの

議論がここまで進んだ段階で、二〇二〇年代に起きた驚くべき事実を指摘したい。二〇二〇年初頭から新型コロナウイルスのパンデミックへの対応として、私たちはきわめて驚くべき出来事を目撃した。その影響はいまだに完全には理解されていない。人類史上初めて、地球上に生きるほぼすべての人が同時に同じ活動に従事したのである。具体的にはウイルスの拡散をただちに封じ込めるための現代的戦略の開発である。それと同時にワクチンや治療薬の開発競争も始まった。ワクチンや治療薬が短期間で開発されるという期待によって、自由民主主義に不可欠なさまざまな社会的自由を一時的に大規模に制約することが正当化された。もちろん政府が実施した衛生対策を通じてパンデミックと戦うのは、単なる自由の制約ではない。それは私が「ウイルス学的要請」と呼ぶもの、すなわち感染の広がりを食い止めるために倫理的、政治的、経済的に可能なことはすべて実行するという考えに基づき、社会的自由を構築するという自由な意思決定でもあった。

こうした状況において、私たちは自然の一部であるだけでなく、自然を体内に宿しているという事実を誰もが経験した。細菌やウイルスは私たちの生命に組み込まれており、完全に消し去ることはできない。免疫とは感染の可能性を断ち切ることではなく、微生物の命を私たち自身という生命体に統合することだ。ワクチンと度重なる流行の波によって、いまでは人類のほとんどがこの新たなウイルスと共存するのに十分な免疫を持つに至った。私たちはウイルスを撲滅しなかったし、できなかった。あまりに感染力が強く、多くの変異があったため、ヒト‐ヒト感染をゼロにするのは不可能だったからだ。しかし、その社会的に危険な影響をなんとか封じ込めることはできた。

私たちはウイルスの拡散防止や、賃金補助や休業補償などによる経済救済の取り組みに莫大な資金を投入しただけではない。パンデミックによって医薬品への新たな投資が起きた。医療産業（ここにはもちろん製薬会社も含まれる）が生み出した道徳的に優れた製品は莫大な売り上げをもたらした。もちろん悪徳業者もいた。マスクをめぐる醜聞のほか、医療関連製品の製造と流通に関する汚職スキャンダルもあった。希少なワクチンの分配には不公平さが見られた。豊かな工業国は（資本主義的手段を通じて）世界最高のワクチンをいくつも生み出したが、それを利己的に自国民に接種した。世界の他の地域ではウイルスが蔓延《まんえん》したが、自らの決定が招いたそうした結果に対応することはなかった。とはいえパンデミックは真に倫理的要請に基づく道徳的に優れた製品を生み出し、全人類の行動調整をもたらしたという点で、倫理資本主義の威力を見せつけた。

「形而上学的パンデミック」が必要だ

このためパンデミックが始まって以降、私は「形而上学的パンデミック」を提唱してきた(121)。「形而上学」という言葉は、形而下、すなわち物質的世界を超越するものを指す。それは私たちがそれぞれの個別の立場を超越する領域に所属していることを意味する。たとえば私たちは普遍的な道徳的事実を理解することができる（ウイルスのパンデミックのさなかには、自分自身や他の人々を守らなければならない、など）。「パン・デミック」という言葉はもともと「あらゆる人にかかわる」という意味だ。パンデミックは人類の基本的な生物学的絆、私たちはみな同じように脆《もろ》く、ウイルスの危険にさらされたヒトという動物なのだという事実を突きつけた。もちろん批判者からは即座に、人種、階級、ジェンダー、年齢など人類の社会的および自然的な差異によって脆さの度合いは違うではないか、という正当な反論があがるだろう。しかし生殖活動の母体となりうる人体へのウイルス攻撃の前には、根本的には私たちはみな同じである。またウイルスの影響に個人差はあったものの、ワクチンや治療薬が登場するまで新型コロナウイルス感染が深刻な健康リスクだったことは明白だ。だからこそ政治的にきわめて過激な対策（厳格な国境封鎖、さまざまな程度の外出禁止、学校閉鎖、リモート教育など）さえも広く受け入れられたのだ。

現在私たちが直面しているグローバルな危機はいずれも、資源の有限性、ひいては私たちの生命の有限性と密接にかかわっている。最も顕著な例が気候危機だ。豊かさを、すなわち消費水準の量的成長を永遠に続けていくわけにはいかない。すでに私たちは限界に突き当たっている。現在生きているすべての人間が、日本のような豊かな社会の消費生活を送ることはどうにも不可能であることがわかっている。たとえば今後人類がどれだけ進歩し、繁栄しようと、現在の東京のような消費生活を全員が手に入れることはできない。地球という惑星全体を東京に変えるほどの原材料は地表には存在しない。それは決して実現しないだろう。

ただボードリヤールの見立てでは、それこそがまさにポストモダンの消費社会の夢だった。ボードリヤールが主著の一つである『シミュラークルとシミュレーション』で指摘したように、この幻想は今日もバーチャルリアリティというかたちで生きている。[122] 限界なき消費という概念のアバター（化身）として一番新しいのがデジタル・モダニティである。それは人間はすべてを、ことによると意識さえもサーバーにアップロードすることで、完全にオンラインに移行できるという考えだ。[123] これは永遠の命を実現するどころか、ある種の自殺行為かもしれない危険な幻想である。こうしたとことん非現実的なテック・ファンタジーについては、最後に改めて述べる。

禁欲は無理、では「ほどほどの生活」なら？

私が訴える「形而上学的パンデミック」とは、私たち人間は自らの欲望に新たな家をつくる必要がある、ということだ。私たちにはもっと知恵が必要だ。知恵とは自らの欲望に対処することだ。消費社会が自らへの脅威になるという事実は、私たちの欲望を再構築する必要があることを意味する。

このような改革の例として、もう少しユートピア的なものを挙げよう。人間にとって旅をすること、そして一般的に移動する能力は好ましいものであり、また重要だ。内燃機関と化石燃料主導の近代とのコンビネーションによって、多くの人が地球上のどこへでも移動できるようになった。他の文化を知り、新たな国々を冒険することが可能になり、それを通じてますます多くの地球の資源を消費するようになった。こうした行動が気候危機の一因となり、誰もが必死に解決策を模索している。

当然ながら、人々に単に欲望を捨てろといってもうまくいかない。禁欲主義を知恵とするような発想に頼ることはできないし、また、してはならない。むしろ倫理資本主義の目的は、より賢明な共生の方法をもたらす真に持続可能な解決策を生み出すことでなければならない。その一例として考えられるのは、空の旅のあり方を変えることだ。ツェッペリン型飛行船の時代から存在していた技術を使った、新しい飛行船の製造を始めることを想像してみよう。ツェッペリン型飛行船の旅が頻繁に行われていた時代には、それは究極の贅沢品とみなされていた。だが飛行船は現代の航空機と比べて速度が劣る。同じように、かつては大陸間を船で渡ることが今よりはるかに頻繁に行われており、それは乗客が海上を移動する方法として今日の巨大クルーザーよりはるかに生態学的に持続可能性が高かった。こうしたことを考えれば原則的に環境への負荷を大幅に減らすことができる飛行船旅行の規模拡大に努めるべきだ。

作家アブラム・アルパートの提言によると、知恵は「ほどほどの生活」を受け入れることだ。それは消費プロセスの一部をペースダウンすることを意味する[124]。消費のペースを落とすことは、消費者にとっての価値を高めることと完全に両立する。それは希少な、ゆったりとした経験が贅沢とみなされることにも表れている（ミシュランの星付きレストランでの食事とファストフードを比較すればわかる）。飛行機を飛行船に、巨大クルーザーを客船に置き換えるなど、持続不可能な加速化に、経済的手段で抗うことは可能である。

経済成長のありかたはひとつではない

ここで別のタイプの成長が可能であることを改めて強調しておこう。「質的成長」すなわち社会的幸福の増大も、経済的に測定することができる。成長は必ずしも「広がり」である必要はない。「密度」でもあり、密度を高めることで個人と集団の生活経験を向上させていくことができる。それは質的成長と社会的幸福という要素を、企業の収益という概念のなかに織り込むだけで実現する。

これは倫理資本主義のエコ・ソーシャル・リベラリズムへの統合を、もう一サイクル進めることを前提としている。なぜなら市民であり消費者でもあるという現行モデルは、依然として合理的主体という時代遅れの概念と結びついているからだ。政治制度や経済は、私たちの選好はおおよそ安定しているという発想に基づいている。目標（価値観）を設定し、適切な手段を見つけてそれを実現しようとする。目標を達成するために必要とするリソースが少ない手段ほど、代替案と比べて効率的とされる。目標を達成しながら必要なコストを抑えるように、効率性を最適化することを手段の合理性という。

これは合理的主体の大雑把な説明としてかなりもっともらしく聞こえるが、私たちの実生活はそのようなものではない。人という動物や親社会的哺乳類の社会には不合理な要因があり、それは合理的思考をはるかに超えていく。行動経済学、心理学、生物学、疫学、社会学、神経科学、ＡＩ研究、認知科学は過去数世紀にわたり、人間が理想化された自画像のような「合理性」はまったく持ち合わせていないことを示すエビデンスを集めてきた。

私が知恵をある種の形而上学的パンデミックと表現するのはこのためだ。私たちは自らに関する知識をもとに、欲望を再構築する必要がある。そしてすでにわかっていることのひとつが、人間は消費をし、自らの生活を拡張していきたいと欲するということだ。生きるとは成長することだ。だから脱成長という発想は根本的に魅力に欠け、他に成長する方法があるかぎり決して支持は広がらない。同じように国家やその政治制度が消費を規制しようとしても、十分な成果は得られない。国家が社会経済生活に介入しすぎると、自由民主主義社会の有権者やその他のガバナンスシステムに生きる消費者は反乱を起こし、より豊かな生活を約束してくれるリーダーに鞍替えするだろう。

これを食べ物というありふれた例を使って説明しよう。日本の食料品消費は一般的に、他の先進工業国のそれと比べて健康的で持続可能性が高い。しかしそれをグローバルに拡大することはできない。だから他国は単純に日本から食料品消費の方法を学ぶことはできない（それはエコ・ソーシャルな進歩になりそうだが）。そうではなく人々の欲望を満たすような、地域に適した（禁欲的ではなく豊かな）解決策を生み出す必要がある。その一例が菜食主義やヴィーガン業界で、今では肉という選択肢と比べて食味の面で遜色がなく、それどころか品質面では上回るような消費者向け商品を生み出している。

ここで誰かが、多くの人の好物ではあるが身体に悪い食品（ピザ、フライドポテト、ファストフードなど）と味は同じだが、より健康的で持続可能な食品を生み出したと想像してみよう。味が同じで健康に良い食品と健康に悪い食品があったら、長期的には消費者は健康に良い選択肢を選ぶはずで、すでに先進的で社会的に進歩的な工業国ではそうした状況が見られる。この文脈において資本主義とは、国家の干渉や中央計画なしに多様な製品が市場に出回ることを意味するが、製品の測定可能な品質における質的向上は、健康的で持続可能な選択肢を提供する食品会社の収益というかたちで経済成長につながる。このように必要なのは肉を食べることを禁じる道徳的主張でもなければ、成長の限界という禁欲主義的な呼びかけでもない。人間の生活形態は完全に「合理的」ではないというエコ・ソーシャルな事実に即した優れたビジネスモデルである。

「形而上学的パンデミック」への呼びかけは、人間の本質と社会経済活動のリカップリングを求めている。それには経済的剰余価値生産と道徳的進歩をリカップリングできるように、人間の本質と文化をさまざまな観点から研究する人間科学と、社会の他の部門の大がかりな協力が必要だ。本章で紹介した事例やユートピア的アイデアは、現在の経済発展は純粋な量的成長(きわめて限定的な成長)から持続可能で未来志向の定常状態へ、すなわち経済的に測定可能な質的成長への移行期と見ることができる、また見るべきであるという議論の出発点になるはずだ。

第10章　次世代のＡＩ倫理

人間であるというのは、自らは人間であるという理解の下に生きることだ。たとえば自分には不滅の魂があると信じている人もいれば、主観的生は脳内の神経発火パターンと同一であるため、身体的死とともに主観的生も終わると信じている人もいる。これらは無数にある人間という自己像のほんの一例だ。人間はそのような自己像をもとに、社会と経済生活を構築する。よく知られていることだが、多くの経済学者は今でも「ホモ・エコノミクス」という（明らかに架空の）概念に固執している。それによると人間は市場という状況において、あたかも完全に合理的であるかのようにふるまおうとする。要するに人間は剰余価値生産や交換という文脈のなかで生産された財の消費と生産において、効用最大化に努めるものである、という理解だ。この文脈において、ジョン・スチュアート・ミルの以下の発言がよく引用される。

最小限の労力と身体的自己犠牲で、必要なもの、便利なもの、贅沢なものを最大限獲

得できるように必然的に行動する存在としての人間の恣意的な定義[125]

ここまで述べてきたように、最近ではこのような人間の定義に対抗する主張として、人間は根本的に社会的で協力的存在であるという見方がある。「人間」の自己像としてどちらが客観的に正しいかとは関係なく、人類史は永遠にこのような無数の競合する相容れない自己像を突きつけてくるものだと認識することが重要だ。人間の性質や本質がどのようなものであるかについて、人々が完全に同意することはおそらくないだろう。そして、そもそも人間は性質や本質など持ち合わせていないのだから、こうした定義そのものが不適切だと主張する理論家もたくさんいるだろう。

ここで再び、「人間」については互いに相容れない自己定義が無限にあるという事実を「人類学的多様性」と呼ぶことにしよう。

人類学的多様性は多岐にわたるものの、あらゆる具体的な人間の自己定義に共通する特徴がある。人間と（人間以外の）動物あるいは無生物の自然全体（宇宙）とのかかわりについての認識を示すだけでなく、人間と技術との関係性を示す役割も果たしているのだ。

ここで登場するのがＡＩだ。なぜならごく最近、人間はＡＩの研究やシステムの分野で最も高度なコンピューティング技術が、人間の定義、ひいては人間社会の重大な変化につながる可能性を検討しはじめたからだ。ＡＩシステムの構築と利用には文化によって相当な違いがある。たとえば日本社会はヨーロッパ社会と比べて、ＡＩで動くロボットやデジタル・トランスフォーメーションの活用にかなり寛容だ。一方でＥＵはロボットの助けを借りて社会を向上させるという未来志向のシナリオより、倫理や規制の問題に焦点を合わせている。

ただ、異なる技術文化における近未来のＡＩシステムやロボットの道徳的地位を論じる前に、私たち人間について、またＡＩシステムの本質について、それぞれもっと明確にしておくことが重要だ。そうした基盤があって初めて、急速に進展するＡＩ研究に伴う経済的機会から真の利益を得るための取り組みを始められる。

「人間として生きる」とはどういうことか？

そこでまず、「高次の人類学」という概念を紹介しよう。他の場所では「新実存主義」と呼んできた見解だ[126]。この見解によると、あらゆる人間の自己定義に共通するものがある。その共通点とはほかでもない、人間は特定の自己認識に照らして行動できるという事実だ。人間は自己定義によって、具体的にどのような人間であるかが決まる。これを私は「自己規定」あるいは単に「自由」と呼ぶ。さまざまな自己規定の内容には大きな違いがあるが、そのすべてが全体として、人間の行為者になんらかの確実性と指針を与えるという同じ機能を担っている。なぜなら私たちが知るかぎり人間以外の動物と異なり、人間は自らの生態学的ニッチに組み込まれた本性のみに基づいて行動するわけではないからだ。私たちの行動を通じて表れる単一の人間の本性というものはない。このため社会科学を進化論的、生物学的説明に矮小化することはできない。人間の集団は動物学的法則に従って動くことはない。大規模な社会的に組織された人間行動は厳密に予測不可能であり、人間社会を形づくる包括的法則は存在しない。

ただ、再び中島隆博氏の「共生」の解釈を参照するならば、人間として生きることの本質的自由は、同時に道徳的自己規制の基盤でもある。人間が倫理的であるのは、正当な自己解釈に規範的指針を与えるためだ。それを通じて自らに法律を与え、自律的になる。ゆえに自律性は社会的条件の下での自己規制を伴う。

これがソシオテクノロジー（社会的技術）としてのＡＩ、という最後のトピックにつながる。ここでいう「ソシオテクノロジー」とは、ＡＩシステム自体はいかなる意味においてもインテリジェントではない、ということを意味する。人間が使うことで初めてＡＩはインテリジェントに「なる」。だからといってネジ回しのような単なる道具や手段だという意味ではない。その存在のあり方、存在論はそれ以前の技術とは異なる。ＡＩが社会に本質的変化をもたらすのはこのためだ。

次世代のAI倫理の前提条件

ソシオテクノロジーとしてのAIが引き起こす社会経済的変化のスケールを理解するために、AIについての私の全体的なとらえ方を説明しよう。[127]「AI」という言葉は少なくとも二つの異なる、それでいて関連性のあるものを指す。一つには、コンピュータ科学の研究領域の略称で、深層学習、機械学習、神経形態学的コンピューティング、ニューラル・ネットワーキングなどを網羅する。[128]研究領域としてのAIの共通点は、人間の思考および行動をモデル化する方法を開発することだ。もう一つの意味はAI技術、そしてそれを活用したAIシステムを指す。たとえばChatGPTはAIシステムであり、ディープマインド社が設計した、人間を超えるチェスや囲碁のパフォーマンスレベルを持つコンピュータプログラム「アルファゼロ」もしかりだ。

「次世代のAI倫理の第一の前提条件」は、AI研究の範疇で開発された最高のAIモデルよりもインテリジェントなAIシステムがあってはならない、ということだ。AI研究が人工知能の基準や制約を設定する一方で、AI産業は当然ながら過去のあらゆる期待を超える成果を出してもいい。

私の主張を具体的にいえば、AI研究の目的は効率性というたった一つの意味での「インテリジェンス」をモデル化することだ。特定の問題を限られた時間内に解決する能力があるシステム（人間にせよ、コンピュータプログラムにせよ）は「インテリジェント」である。これをもとに同じ問題を二つのシステム（たとえば二人の人間、人間とコンピュータプログラム、あるいは二つのコンピュータプログラム）に与えることで、両者の比較ができる。問題解決にかかるスピードを測定することで、システムの測定可能な知性の度合いがわかる。この意味で、有名な韓国の囲碁棋士イ・セドルは囲碁において間違いなく私よりインテリジェントであり、アルファ碁は囲碁においてイ・セドルよりインテリジェントだ。同じ意味でグーグルなどの検索エンジンはインターネット検索においてあらゆる人間よりインテリジェントであり、だから私たちは情報を手に入れるときは自力で何百万というホームページを調べる代わりにグーグルを使うのだ。

「次世代のＡＩ倫理の第二の前提条件」は、ＡＩシステムはそれ自体としてインテリジェントではないということだ。もともと効率性という意味での「インテリジェンス」が、特定の問題を限られた時間内で解決する能力を持つ主体を指すのであれば、問題が与えられないかぎりそれ自体としてインテリジェントなものは存在しない。ＡＩ哲学者のジョン・オーゲランが何十年も前に影響力のある論文で指摘したとおり、ＡＩシステム自体は「何も気にしない」[129]。

ＡＩシステム自体は、きわめて高度なコンピュータプログラムだ。コンピュータプログラムとは、特定のハードウエアシステムのなかの電磁波放射のフローをつかさどる一連の命令だ。それには産業が生み出す半導体チップ（マイクロプロセッサ、メモリモジュールなど）が必要だ。コンピュータ内の電磁波放射のフローは、プログラム自体がプログラムを書けるほどの高度なレベルに到達しつつある。プログラムはある程度自らを再プログラムすることができ、その意味では学習が可能だ。

ただ、第二の前提条件によると、こうしたプロセス自体はインテリジェントなものではない。ＡＩのインテリジェンスは本と変わらない。本には情報が含まれている。あなたが本を読めば、問題を解決するのに役立ち、そういう意味であなたはよりインテリジェントになる。だが本そのものがインテリジェントなわけではない。私の主張に従えば、ＡＩシステムはいわばインタラクティブな本のようなものだ。私たちの使い方によって変化し、ＡＩ自体もダイナミックな情報のフローである。しかし本と同じように、ＡＩが自らを読むわけではない。そしてこれもまた本と同じように、ＡＩが自分で存在を維持できるわけではない。本は時間とともに朽ちていく。ＡＩシステムも私たちが電力という「餌」を与え、ハードウエアをメンテナンスしてやることで初めて存在しつづけることができる。

要するにＡＩシステム自体が社会を変えることはない。そうすることに何の関心もないのだ。とりわけ世界を乗っ取ることに一切関心がなく、ターミネーターなどの未来的なロボットを生み出そうとしているわけではない。意識を持つ、あるいは全般的な知性を身につけることもない。人間とは似ても似つかない。ここで興味深いのは、かのアラン・チューリングも古典的論文で、人間の脳が電気を使い、人間がつくるコンピュータも電気を使うという事実は、両者が似ていることを意味するわけではないと指摘していることだ[130]。なぜなら人間の脳や人間という生命体は細胞でできており（もちろんそこには神経細胞も含まれている）、それは有機的な「チップ」に基づいてプログラムを実行するのにとどまらず、はるかに多くのことをしているからだ。人間の脳は工業的産物ではなく、アルゴリズムの命令に従って動くわけではない。脳にはハードウエアとソフトウエアの区別はない。

とはいうものの「次世代のＡＩ倫理の第三の前提条件」は、ＡＩは社会を変えるソシオテクノロジーであると主張する。そして、ここに倫理が存在する。次世代のＡＩの倫理は、ＡＩシステム自体はまったくインテリジェントではないが、人間が使用する領域において人間をよりインテリジェントにすることで、人間の問題解決の構造を変えることを認める。インタラクティブな道具であるＡＩは、きわめてダイナミックな図書館や人間の知性の拡張版のようなものだ。それは私たちの問題解決のスピードを指数関数的に高め、問題空間を変えることで問題の種類を変えていく。

この効果のシンプルな例が、今日私たちはデジタル技術の助けを借りて生活世界で過ごしているという事実だ。初めて訪れた街を歩くとき、効率性という意味ではグーグルマップを使うほうが、昔ながらの紙の地図を使ったり、でたらめに歩き回って自分で地図を作ったりするよりインテリジェントだ。もちろんデジタル技術を使わずに街を探検するほうが楽しく、ワクワクするかもしれないが、そのような街歩きをするときでさえほとんどの人がデジタル技術を使ってあらかじめ準備するはずだ（電車や飛行機の予約、街についての基本情報の収集などに）。私たちが地元で、あるいは地球規模で生活世界を移動する方法は、デジタル技術やＡＩシステムにますます支えられるようになっている。

ＡＩから真の利益を得るために

デジタル技術の使用によって生み出される全体構造を「デジタル社会」と呼ぶことができる。デジタル社会は私たちの生活を加速化してきた。誰もがどんどん時間が足りなくなっているような、すべてが急速に変化しているような気持ちを味わっているのは、デジタル技術を活用することの重大な副作用だ。私たちの生活世界は日々の生活にスマートフォンが登場して以降、急速に加速してきた。それは一日のうちにかつてないほど多くの行動（活動）が可能になったからだ。当然そこから新たな経済機会が生まれ、それは関連する資本を所有し、幾度も再投資できる人々に莫大な富を生み出してきた。

データの威力とは、それを利用することで人間の思考や行動と相互作用できるようになることだ。AIシステムそのものはまったくインテリジェントではないが、ソシオテクノロジーとしてのAIの利用は人間の自然な知性を必要とし、それによって社会を変える。

デジタル社会は孤立した領域ではない。それはより大きな社会の一部であり、社会のうちデジタル領域と重なるのはごく一部だ。デジタル社会は人間という動物やその生態学的ニッチと相互作用する。私たちはサーバー、配電網、半導体チップなどをつくる。それと同時にAI研究の進歩にはコンピュータ科学者を訓練する必要があり、それには適切な教育環境などが必要だ。クリス・ミラーは大きな議論を呼んだ著書『半導体戦争――世界最重要テクノロジーをめぐる国家間の攻防』のなかで、アメリカ、中国、ロシアなどによる半導体戦争が起きていることを示している。これは人間の主体性の他の領域へのデジタル社会の侵入であり、特にデジタル優位性のための物質的条件を巡る従来型の戦争に苦しんでいる人々には最悪の影響をもたらす(131)。

デジタル領域の現実は、人間社会の他の部分と同様に物理的宇宙に根差している。問題はそのユーザーインターフェースによって、あたかも私たちは精神的領域を相手にしているかのように感じられることだ。それはデジタル社会が人間の産物であるためだ。つまり、あらゆるデータは人間の問題解決、思考、行動の痕跡を含んでいるため、私たちはデータを通じて相互作用をしているのだ。

ここで話は倫理資本主義の主張の本筋に戻る。人間が自由な動物であること、すなわち倫理的に適切な自己決定ができる動物であることを踏まえると、私たちのあらゆる活動やデータには価値判断があふれていることになる。だから次世代のＡＩ倫理を産業界に持ち込むことで、ＡＩから真の利益を得ることが可能になる。

本書を通じてさまざまなケースで主張してきたとおり、この目的のためには市場行動への倫理的自己規制と法的規制が連携する必要がある。なぜなら拙速に短期的利益を追い求め、価値判断の交換にまつわる倫理的原則が自然に（自由に）醸成されることを妨げる邪悪な行為者から市場を守る必要があるからだ。

しかし法的規制は科学技術や経済の進歩の添え物として生じるものではない。政治家や彼らを支える政策立案のプロたちが、自動的に科学技術や経済のプロになるわけではない。これは自由民主主義の理想――政治権力の座にある個人が専門家である必要はなく、選挙や政治家が対応する必要がある公的領域における議論によって決定される人々の意思を代表する存在であればよいとする――への批判ではない。

エコ・ソーシャル・リベラリズムは、ＡＩは、地球そして究極的には宇宙の生存条件の一部である人間という動物によって生み出され、利用され、実行されるソシオテクノロジーであり、今後もそうであり続けるという事実を主張することによって、次世代のＡＩ倫理の領域に介入する。人間は大気圏内の他のフィールドを利用するのと同じように、電磁スペクトルを利用する。（暗号通貨やその他のデジタル市場を含む）デジタル経済は電磁的フィールドで起こる。

私たちは電磁的フィールドはどの程度特定の個人に帰属するのか、またどの程度水や空気と同じような自然のコモンズとして考えるべきか、と問うべきなのだ。電力は確かにエネルギー経済の一部とみなされている。ならばなぜこの考えをデジタル社会が依存する物理的資源にも広げないのか。それによって気候変動にＡＩが及ぼす負の外部性を検討することができる。なぜならデジタル社会の創造と維持には、レアアース資源、電力、そして社会経済的および倫理的問題をはらむ労働力が必要であることは周知の事実だからだ。この問題には倫理資本主義の想定する経済的手段と、エコ・ソーシャル・リベラリズムのガバナンス条件の両方によって対処する必要がある。

結　論

本書を通じて、倫理資本主義という新たな思想をエコ・ソーシャル・リベラリズムという進歩的な地平と結びつけようと試みてきた。私の提案は現実的でありながらユートピア的で、具体的でありながら概念的で、理論的でありながら実践的で、事実に即していると同時に価値観を含むような建てつけになっている。このような現実主義と未来への希望の組み合わせは、自由民主主義という社会政治的構造の特徴でもある。

ウィンストン・チャーチルの名言「民主主義は最悪の政治体制である。これまで試された他のすべての体制を除けば[132]」に少し手を加えてみよう。自由民主主義は現実的に実行可能なもの（すでに存在しているから）な社会政治的自己統治のあり方として、理想的ではないもののなかでは最善である。その目的は複雑性という条件下での価値の妥協であり、シンプルな解決策があるという考えに異を唱えることだ。しかし私たちがその価値を単なる手続きのシステムに矮小化してしまうと、自由民主主義は存続できない。民主主義は単なる統治あるいは政府の形態ではなく、異論や意見の多様性、個性、主観、見解の相違には本質的価値があるという思想に基づく価値体系だ。なぜならソリューションスペースを広げるような新たな道筋は、たいてい大きく異なる視点でモノを見ることによって初めて見つかるからだ。

妥協を見いだすうえでの哲学の役割は、モデレーション（調整）と分析の能力にある。ただ、民主主義と同じように、哲学も純粋な合理的思考によって何らかの事実を確立する、単なる匿名の手続きに矮小化してはならない。哲学も価値判断という営みにかかわっており、社会を外野から、あるいは周縁から批判することはできない。私たちの価値判断の土台となる、価値と完全に無縁の更地など存在しない。自由民主主義はこれを受け入れ、議会における議論、報道の自由、さまざまな公共の場での議論というかたちで統治体制のなかに織り込んでいる。自由民主主義と哲学に共通するのは、意見の深い相違を掘り下げることによって初めて真理に到達できるという考えだ。両者の協力の行きつく先は、私が本書でその輪郭を描こうとした新たな制度的現実かもしれない。

もちろん倫理資本主義とエコ・ソーシャル・リベラリズムについてのときに記述的で、ときに規範的な描写は、自由民主主義の価値観に対する私個人のコミットメントに限定されるものではない。本書で示した考えの多くは、グローバルな、人間にかかわる問題を論じており、他の既存の統治形態にとっても価値のあるものだ。ただ、それは私が特定の社会政治的立場から語り、判断している事実を隠す理由にはならない。またその事実によって私の主張が自動的に無効になったり、偏向したものになるわけではない。

多元主義は統治形態としての自由民主主義の重要な特徴であり、自由民主主義は、いわば最善ではないもののなかで最善だ。ただ、これは非民主的、あるいは非自由主義の社会経済体制を試してみるべきだということではない。とはいえ数世紀後にどの制度設計が勝利するかは、まだわからない。おそらく歴史は、あらゆる規模の人間社会について書かれた無数の歴史というかたちで、今後も多元的な道を歩んでいくのだろう。

社会の複雑性は近い将来消滅することもなければ低下することもなさそうだ。むしろ人間の生存条件の改善を目指すという近代の試みが大きく進展したこともあり、複雑性は高まっている。こうした意味で、私はある種の楽観主義者であり続けている。ここでいう「楽観」は、極端な複雑性という条件下でさえ道徳的進歩は達成できるという意味に過ぎない。どうすれば他者の生活を改善することによって自らの生活を改善できるか、それによって人類の輪が複雑な相互扶助のシステムを目指す未来志向のものになるか。読者が自らの社会的立場と文化的・個人的帰属意識に照らし、自らこの答えを見いだしてくだされば、本書の目的は達成されたといえる。私たちは道徳的進歩のための制度設計という目標を、それぞれが身を置くガバナンスモデルのなかで達成する必要があると私は考える。その前提となるのが、自分たちの欠点をただ批判するのをやめ、既存の制度や社会経済的慣行の修正や改革という希望に満ちた積極的姿勢に変わることだ。人類に対するこのような希望的ビジョンがあるからこそ、本書はできるだけ多くの方々に届くように書いた。それと同時に、このうえなく複雑な理論化の方法をより多くの人が理解しやすい文章に翻訳するため、哲学者として哲学的推論と論証の基本的ルールを堅持する必要があった。うまくバランスをとることができたかは、読者に判断していただくしかない。今後も増大しつづける社会的自由の領域で、みなさまと幸せに共存できることを願っている。

謝辞

本書に結実した研究は、惜しみない組織的支援に支えられてきた。まず二〇二一～二二年度にフェローシップを与えてくれたハンブルクのザ・ニューインスティテュートに感謝したい。本書で紹介した考えの多くはこの時期に、他のフェローや「価値と価値観の基盤」というプログラムで協力した他の機関との対話のなかで醸成された。とりわけコリン・メイヤー、デニス・スノワー、コリーヌ・ペリュション、ジョージ・エリスとの道徳的実在論、経済的価値と倫理の関係、物理学と経済学、そして動物倫理の問題に関する対話をありがたく思っている。ザ・ニューインスティテュートと、オックスフォード大学サイード経営大学院とブラバトニック公共政策大学院のメンバーの共催によるワークショップには大いに恩恵を受けた。

本書の初期の草稿は、二〇二三年四月にアルフォンソ・レイエス・チェアとして招聘された、メキシコのモンテレイ技術高等教育院でのレクチャーシリーズで披露した。エンリケ・ロベルト・タメス・ムニョス、アナ・ラウラ・サンタマリアには、その温かいもてなしと、本書にまとまった重要な問題についてのたくさんの議論に感謝している。

二〇二三年四月には経団連の21世紀政策研究所に招かれ、東京大学と共同開催された日本のビジネスリーダー向けのシンポジウムで倫理資本主義を議論する機会にも恵まれた。貴重な機会を与えてくださった経団連の十倉雅和会長と東京大学の藤井輝夫総長に感謝したい。これに関して、かねてから倫理と経済学の交差点について対話を重ねてきた東京大学の中島隆博教授に感謝したい。直近の東京訪問時には斎藤幸平氏と議論を続ける機会に恵まれた。斎藤氏とは重要な問題について意見が異なる部分もあるが、これは斎藤氏が私に資本主義にかかわる複雑な問題に対する規範的立場を明確にせよというまっとうな要求を突きつけることで、社会経済領域における私の考えに大きな影響を与えている証である。

続いて二〇二三年一〇月に、ジェリスロウスキー・チェア客員教授として招聘してくれたマギル大学に感謝しなければならない。そこで本書の最初の完全な草稿を仕上げることができた。客員教授としての在任中、私の文章を常に批判的な目で見て、本書で提示した多くの点について熱のこもった議論をしてくれたジョスリン・マクルーア教授に心から感謝している。二〇二一年一二月に初めてマギル大学を訪問し、ジェリスロウスキー・チェア・レクチャーをする栄誉に恵まれた際、マクルーア教授は人間の精神における社会的自由の本質的重要性を私に説いてくれた。この洞察は本書全体の基調を成している。チャールズ・テイラー教授にはモントリオールでの対話に感謝したい。それは私の新実存主義（本書では政治的リベラリズムのかたちで説明している）が、テイラー教授による自己とその社会的進歩との関係にかかわる画期的研究と整合するものだという確信を与えてくれた。

ボン大学の私のチームには、本書の最後から二番目の草稿に批判的で洞察力に富むコメントを寄せてくれたことに感謝したい。アレクサンダー・イングランダー博士、ジェローム・シックシュナイト、ヴィクトール・ヴァイスブロットは意見や提案を書面に詳細にまとめてくれた。最終稿にそれらを十分反映できたと願いたい。もちろん本書に残っている哲学的その他の誤りは、すべて私の責任である。特にヴィクトール・ヴァイスブロットは「新しい啓蒙と新たな実在論」という全体的プロジェクトの話のなかで、規範的枠組みにおいて批判理論が果たしうる役割について私が的外れな主張をするのを防いでくれた。アレックス・イングランダーは政治的リベラリズム、民主主義、資本主義の交差点で生じる歴史的緊張関係に、その場しのぎの対応をすることに常に疑問を呈してきた。私が倫理資本主義に対して批判理論を適切に位置づけることができたのか、あるいは民主的資本主義と新たなリベラリズムの組み合わせに未来があると示すことができたのかは複雑な問いであり、これももちろん私が勝手に判断すべきことではない。

最後に、日本を代表する著作権エージェントとして貴重な知的サポートと助言を与えてくれたタトル・モリ エイジェンシーに心から感謝したい。とりわけ玉置真波氏とそのチームとは倫理、倫理資本主義、そして現代の日本社会についてたくさんの対話と意見交換の機会を得た。みなさんとの協力関係は本プロジェクトの実現に欠かせないものだった。

訳者あとがき

私事になるがイタリアの高校に留学していたとき、必修で哲学（正確には「知の理論」）の授業があった。ヘーゲルやポパーなどの思想をもとに「何かを知っているとはどういうことか」を議論する。ヨーロッパの人というのは物事をここまで突き詰めて考えるのかと圧倒された。ふだんの勉強が水面に顔をつけるようなものならば、哲学は水深五メートルまで潜りにいくようなもの。そんな印象を受けた。

本書を翻訳しながら一抹の懐かしさを覚えたのは、当時の感覚がよみがえってきたからだ。水深一〇メートルは潜った気がする。

著者のマルクス・ガブリエル氏は「哲学界のロックスター」と呼ばれる。二〇〇九年に史上最年少の二九歳でドイツの名門ボン大学の哲学科正教授に就任し、新実在論で注目された。著書『なぜ世界は存在しないのか』（講談社）は哲学書としては異例の世界的ベストセラーになっている。

「哲学がかつて提示していた魅力を現代によみがえらせた人物」とガブリエル氏を評するの

は、親交が深く共著『全体主義の克服』（集英社）もある中島隆博・東京大学東洋文化研究所教授だ。古代ギリシャ以来、社会や政治に深く関与し、より良い社会を目指すための提案をするのが哲学の伝統だった。しかし近代以降、特に大学のなかに取り込まれてからは社会からの乖離が進んだ。哲学は無用の用を旨とし、高尚かつ価値中立的な哲学学をやっていればいいといった空気が強いなかで「それを軽々と乗り越え、哲学が生き生きとした、現実に関与する学問であることを私たちに改めて教えてくれるのがガブリエル氏だ」という。

ガブリエル氏はここ数年、倫理資本主義について積極的に発言・発信してきた。「倫理と資本主義は融合できる。資本主義のインフラを使って道徳的に正しい行動から経済的利益を生み出し、社会を大きく改善することは可能だし、またそうすべきだ」という主張である。それを初めて体系的にまとめたのが本書で、世界に先駆けて日本で出版される。

極端な経済格差、環境破壊など資本主義の弊害を指摘し、改革を訴える声は経済学者のあいだからも出ている。哲学者が新たな資本主義のあり方を提唱する意義はどこにあるのか。「新しいビジネスモデルや社会契約は、哲学を検討に含めることで初めて可能になる」というのがガブリエル氏の考えだ。経済学者、政治学者、社会学者などには倫理的結論を導き出すことはできない。資本主義の副次的被害のうち、許容できるものとそうでないもの、すなわち善と悪を見分けるには哲学者の知見が必要なのだ、と。

中島教授も「哲学者の立場から見ると、経済学など社会科学が前提としている倫理には批判的な吟味が足りないように見受けられる」と指摘する。倫理や道徳は両刃の剣であり、かかわり方を間違えると危うい道徳主義に陥る可能性がある。わかりやすい例が戦前の日本だ。一八世紀の啓蒙時代から道徳の基礎づけに悪戦苦闘してきた哲学はこの点において一日の長があるという。


本書の前半は「倫理とは何か」「資本主義とは何か」といった基本的概念を定義したうえで、倫理と資本主義をリカップリングした倫理資本主義の思想を説明する。ガブリエル氏の倫理学でキーワードとなるのが「道徳的事実」だ。たとえば溺れている子どもがいたら、周囲にいる助ける能力のある大人は助けなければならない。ここにおいて溺れている子どもや助ける大人の国籍や性別や年齢などは一切関係ない。このような主観的意見や文化、社会的アイデンティティに左右されない普遍的な道徳的事実は確かに存在する。一見シンプルな洞察だが、自然と規範という二つの領域の橋渡しに苦慮してきた哲学界におけるブレークスルーだと中島教授は解説する。

道徳的事実のなかには、まだ発見されていないもの、社会で広く認識されていないものもある。たとえば「奴隷制度は邪悪である」というのは今日では当たり前の道徳的事実だが、制度廃止までには数百年を要した。大多数の人々に見えていなかった道徳的事実が浸透し、悪しき制度の改革といった好ましい社会変化が起きること。それが道徳的進歩であり、資本主義はその推進力になるとガブリエル氏は見る。

資本主義については経済活動の一側面、緩やかに結びついたいくつかの条件に過ぎないと看破し、今日人類が直面するさまざまな危機の原因を資本主義に帰そうとする風潮を戒める。その一方で今日の新自由主義的資本主義は新たな封建制ともいうべき状況を生み出しており、「資本主義らしさが足りない」と改革の必要性を認める。

新自由主義の問題は、人間の自由は本質的に「社会的自由」であること、すなわち他者が存在しなければ実現しない自由であることを見落としている点にあるとガブリエル氏は指摘する。利己的利益の追求によって誰かの自由を奪うと、結局自分の自由を制限することになる。だから自由を求めるなら、他者の自由を広げなければならない。うまく機能している資本主義は知識を、そして新たな問題解決の方法を生み出す。そこに希望がある。こうして「道徳的価値と本質的に結びついた経済的剰余価値生産のあり方を考えることで、道徳的価値と経済的価値をリカップリングすることは可能であるし、そうすべきである」という結論が導き出されるのだ。

本書の後半では、倫理資本主義を包含する二一世紀の新しい社会ビジョン「エコ・ソーシャル・リベラリズム」へと議論を進め、それを実現するための具体的提案や思考実験を行う。たとえば子どもへの選挙権の付与だ。最大の理由として挙げているのは「道徳的進歩は往々にして子どもの介入によって起こる」という事実だ。子どもたちは当たり前とされる事柄に疑問を呈したりすることで、合理的とされる大人にいろいろなことを教えてくれる。子どもたちを単に庇護すべき存在ではなく、道徳的進歩の重要な推進力と見ているのだ。日本では最近、日本維新の会共同代表の吉村洋文・大阪府知事が、ゼロ歳児からの選挙権を党の公約に盛り込む方針を打ち出して話題を呼んだ。子どもが圧倒的マイノリティとなりつつある日本で、ガブリエル氏の提言は子ども選挙権という一見突飛な提案を吟味するうえで重要な示唆を与えてくれる。

本書は有権者や消費者として社会や経済にかかわるあらゆる読者に向けて書かれているが、とりわけ企業社会に重要な投げかけをしている。「複雑な道徳的事実は実践を通じてのみ理解できる」とガブリエル氏は言う。日々企業活動に取り組むなかで新しい道徳的事実を見つけられる、そして人類を道徳的により良い存在にできる。生存にかかわる基本的な問題を解決するだけでなく、たとえばより良い企業文化など高次な問題にかかわる道徳的事実も、企業経営を通じて明らかにすることができる。「すべての企業に最高哲学責任者（ＣＰＯ）が率いる倫理部門を設置せよ」という本書の提案は、その第一歩だろう。ビジネスは倫理学の実験室だという著者の主張は、企業人にとって激励であり挑戦状のようだ。

「倫理資本主義は日本人にはなじみのある考え方ではないか」と中島教授は指摘する。近代日本経済の父と称される渋沢栄一の唱えた道徳経済合一の理念は、今も根強く残っている。近代古い啓蒙が提案し、主流派経済学の基礎となっている近代的な自立した個人という人間観に違和感を持つ日本の人々なら、倫理資本主義という主張を深いところで理解できるのではないか、というのが中島教授の見立てだ。ガブリエル氏が本書の第一読者として日本人を選んだ背景には、おそらくそんな直観があったのだろう。

最後にひとつ注意喚起を。著者は倫理資本主義というビジョンをできるだけ多くの読者に届けるため、本書は哲学の素養がなくても読めるように書いたという。その一方で、哲学者として哲学的推論と論証の基本ルールを堅持したといい、「うまくバランスをとることができたかは、読者に判断していただくしかない」としている。訳者から見ると、本書は気楽に読める哲学風味の読み物ではない。現代社会の抱える複雑な問題に、ポピュリスト的なわかりやすい解を出す価値体系を提示するつもりはない、という記述もあるが、知的な横着をするなというのが本書を貫くサブテーマだと感じる。読者の皆さまにはヨーロッパを代表する知性の思考回路をたどる、水深一〇メートル級の知的冒険を楽しんでいただきたい。
訳者あとがき執筆にあたり取材を快くお受けくださった中島氏のほか、翻訳の監修をお引き受けいただいた東京大学大学院准教授の斎藤幸平氏、日本オリジナルの本企画を実現させたタトル・モリ エイジェンシーの玉置真波氏、早川書房書籍編集部の一ノ瀬翔太、石川大我両氏にも大変お世話になった。この場を借りて感謝を申し上げる。

二〇二四年五月

注

1. Colin Mayer, *Capitalism and Crises: How to Fix Them* (Oxford: Oxford University Press, 2024).
2. Roger McNamee, *Zucked: Waking Up the Facebook Catastrophe* (New York: Penguin, 2020).
3. https://sdgs.un.org/goals
4. この例は最初に以下の著名な論文で使用された。Peter Singer, "Famine, Affluence, and Morality," *Philosophy and Public Affairs*, Vol. 1, No. 3, Spring 1972: 229-243.
5. さらに詳細な説明や事例については以下を参照。Markus Gabriel, *Moral Progress in Dark Times: Universal Values for the 21st Century*, trans. Wieland Hoban (Cambridge: Polity Press, 2023).
6. たとえば次のウェブサイトを参照。https://www.imf.org/en/Publications/fandd/issues/Series/Back-to-Basics/Capitalism. 著者ら（Sarwat Jahan and Ahmed Saber Mahmud）は契約の自由を挙げず、むしろ生産と消費の自由を重視している。資本主義を緩やかに構成する要素の概要（必要条件と十分条件という観点からは厳格な定義にはならない）については以下を参照。Daniel Halliday and John Thrasher, *The Ethics of Capitalism: An Introduction* (Oxford: Oxford University Press, 2020).
7. これを私に指摘してくれたアレクサンダー・イングランダーに感謝する。これは社会的に有益な再分配の方法を、倫理資本主義と組み合わせられることを意味する。
8. Immanuel Kant, *Critique of Practical Reason*, trans. Mary Gregor (Cambridge: Cambridge University Press, 2015), 87-118 / 5:107-

5:148.（『実践理性批判――倫理の形而上学の基礎づけ』イマヌエル・カント著、熊野純彦訳、作品社、2013年）

9. Donella Meadows, Jorgen Randers, Dennis Meadows, *Limits to Growth: The 30-Year Update* (White River Junction, VT: Chelsea Green Publishing, 2004).（『成長の限界　人類の選択』ドネラ・H・メドウズ、デニス・L・メドウズ、ヨルゲン・ランダース著、枝廣淳子訳、ダイヤモンド社、2005年）

10. 昨今この言葉が注目を集めるきっかけとなったのは歴史学者アダム・ズーズだ。以下の著書を参照。“Chartbook #165: Polycrisis—Thinking on the Tightrope.” 2022年10月29日に本人のブログに掲載された。https://adamtooze.com/2022/10/29/chartbook-165-polycrisis-thinking-on-the-tightrope/.

11. Shoshana Zuboff, *The Age of Surveillance Capitalism: The Fight for a Human Future at the New Frontier of Power* (London: Profile Books Ltd., 2019).（『監視資本主義――人類の未来を賭けた闘い』ショシャナ・ズボフ著、野中香方子訳、東洋経済新報社、2021年）

12. Gabriel, *Moral Progress in Dark Times*, ix and Markus Gabriel et al., *Towards a New Enlightenment. The Case for Future-Oriented Humanities* (Bielefeld: Transcript, 2022).

13. このくだりはコリン・メイヤーの著書の草稿を読ませてもらい、メイヤーと個人的に議論した内容に基づいている。「真の利益」の概念については、ブリティッシュ・アカデミーが主宰したプログラムの最終報告書にメイヤーが寄せたコメントも参照。https://www.thebritishacademy.ac.uk/documents/4257/JBA-10s5-01-Mayer.pdf

14. 以下を参照。Immanuel Kant, “Reflections on the philosophy of right” in *Lectures and Drafts on Political Philosophy*, ed. Frederick Rauscher trans. Kenneth R. Westphal (Cambridge: Cambridge University Press, 2016), 1-72.

15. Georg Wilhelm Friedrich Hegel, *The Phenomenology of Spirit*,

trans. Terry Pinkard (Cambridge: Cambridge University Press, 2018), 108.（『精神現象学』G.W.F.ヘーゲル著、熊野純彦訳、筑摩書房、2018年）

16. Jean-Paul Sartre, "No Exit" in *No Exit and Three Other Plays*, trans. S. Gilbert (New York: Vintage Books, 1989), 45.

17. このくだりはグローバルな分業とその搾取的になりがちな結果を正しく指摘したジェローム・シックシュナイトの論考を一部参考にしている。ただグローバルな経済的結びつきに関する私の見解は少し異なる。というのも私はグローバルな結びつきは、倫理資本主義がサプライチェーンの反対側にいる労働者の生活条件を改善しつつ、経済的恩恵や利潤を生みだす新たな機会だと考えるためだ。民主的資本主義諸国はこの役割を共産主義や独裁主義体制（現在の中国など）に委ねるのではなく、自分たちのグローバルなビジネスのやり方は倫理的であり、基本的に搾取的ではないと示すための新たな手法を見つける必要がある。

18. 斎藤幸平著『人新世の「資本論」』（集英社、2020年）を参照。

19. たとえば以下を参照。Ulrike Herrmann, *Das Ende des Kapitalismus. Warum Wachstum und Klimaschutz nicht vereinbar sind – und wie wir in Zukunft leben werden* (Köln: Kiepeneuer & Witsch, 2022).

20. 以下を参照。Bing Song (ed.), *Gongsheng Across Contexts: A Philosophy of Co-Becoming* (Basingstoke: Palgrave Macmillan, 2024).

21. Katharina Lima de Miranda and Dennis J. Snower, "Recoupling Economic and Social Prosperity", in：*CESifo Working Paper*s, 8133 (2020), 1-46.

22. John Rawls, *Political Liberalism. Expanded Edition* (New York: Columbia University Press, 2005), 6.（『政治的リベラリズム　増補版』ジョン・ロールズ著、神島裕子、福間聡訳、筑摩書房、2022年）. この定式化はロールズの正義の二原理に由来する。「a. 各人は、平等な基本的諸権利および諸自由の十分に適切な体系に対して平等な請求権を持ち、この体系はすべての人々にとっ

ての同様な体系と両立する。そしてこの体系の中では、平等な政治的諸自由およびその諸自由のみが、その公正な価値を持つことを保障されなければならない。b. 社会的および経済的不平等は、次の二つの条件を満たさなければならない。第一に、不平等は、公正な機会均等の条件の下で、すべての人に開かれた地位や職務に結びついたものであること、第二に、不平等は、社会の最も不遇な人々の最大の便益に資するものであること」

23. 株主至上主義と「倫理的問題」を「個人」に委ねるという発想については以下を参照。Milton Friedman, *Capitalism and Freedom* (Chicago: The University of Chicago Press, 1962).（『資本主義と自由』ミルトン・フリードマン著、村井章子訳、日経ＢＰ社、2008年)。フリードマンが社会的自由という概念をはっきりと肯定していたことに注目してほしい。「リベラル派として、私たちは個人あるいは家族の自由を、社会的契約を判断するうえでの最終目標とする。この意味での自由という価値観は人々の相互関係に関係するものだ。（召使のフライデーを勘定しなければ）孤島にいるロビンソン・クルーソーにとって自由は何の意味もない」。

24. Branko Milanovic, *Capitalism, Alone. The Future of the System That Rules the World* (Cambridge, MA: Harvard University Press, 2021).（『資本主義だけ残った――世界を制するシステムの未来』ブランコ・ミラノヴィッチ著、西川美樹訳、みすず書房、2021年)。ミラノヴィッチはこのシステムは「合法的に無償の労働力とほぼ私有の資本を使い、分散的協調によって利益を生み出すための生産活動」と定義している。

25. Francis Fukuyama, *The End of History and the End of Man* (New York: Free Press, 2006).（『新版　歴史の終わり』上・下、フランシス・フクヤマ著、渡部昇一訳、三笠書房、2020年）

26. Martin Wolf, *The Crisis of Democratic Capitalism* (London: Allen Lane, 2023).（『民主主義と資本主義の危機』マーティン・ウルフ著、小川敏子訳、日本経済新聞出版、2024年）

27. ここで「西洋」と括弧を付けたのは、この曖昧な範囲は純粋に地域的なものではなく、ましてやヨーロッパとアメリカだけではないからだ。日本はドイツ、イスラエル、さらにいえばインドと同じように「西洋」の一部だ。「西洋」とは位置ではなく、社会経済的および政治的に動的な価値領域を意味する識別子だ。とはいうものの「西洋」という包括的用語は進歩的理想一式と重なっており、そうでなければ「西洋」に対する批判や自己批判は成り立たなくなる。驚くべきことに、「西洋」と明確に対を成す言葉は存在しない。それは「東洋」ではありえない。最近では代替手段としてグローバル・ノースとグローバル・サウスという二項対立が導入されたが、「西洋」の多くの国々がグローバル・サウスと重なることを考えれば、同じぐらい意味のない分類だ。さらに詳しく見ると、「西洋」あるいは「グローバル・サウス」といった用語はイデオロギー的概念であり、エビデンスに基づく一貫性のある社会科学的および人文科学的研究の基準を満たさない。

28. マーティン・ウルフが自ら「民主的資本主義」と名付けたものを擁護する最近の主張は『民主主義と資本主義の危機』を参照。「自由主義的能力資本主義」と「国家主導の政治的あるいは権威主義的資本主義」の違いについてはミラノヴィッチ著『資本主義だけ残った』を参照。

29. この概念については以下を参照。Kohei Saito, *Marx in the Anthropocene: Towards the Idea of Degrowth Communism* (Cambridge: Cambridge University Press, 2023).（『マルクス解体——プロメテウスの夢とその先』斎藤幸平著訳、竹田真登、持田大志、高橋侑生訳、講談社、2023年）

30. この部分はアレクサンダー・イングランダーが本書の草稿に寄せてくれたコメントを参考にした。

31. Joseph A. Schumpeter, *Capitalism, Socialism and Democracy* (New York et. Al: Harper Perennial, 2008), 83.（『資本主義、社会主義、民主主義』1・2、ヨーゼフ・シュンペーター著、大野一訳、

日経ＢＰ社、2016年)。この影響力のある著書を通じて、シュンペーターは資本主義を「経済的変化の形態あるいは方法」として描き、それを進化のプロセスあるいは「生物学的表現を用いるならば、経済構造を絶えず内部から変革し、絶えず古いものを破壊し、絶えず新しいものを創造する産業的変異である。この『創造的破壊』のプロセスこそが資本主義の本質的事実である」としている。リバタリアン的視点の古典は以下を参照。Robert Nozick, *Anarchy, State, and Utopia* (Oxford: Blackwell Publishing, 2013).(『アナーキー・国家・ユートピア——国家の正当性とその限界』ロバート・ノージック著、嶋津格訳、木鐸社、1992年)

32. ポパーの提唱する「社会の陰謀論」という概念については以下を参照。Karl R. Popper, *Conjectures and Refutations: The Growth of Scientific Knowledge* (London: Routledge, 2002), 165f.(『推測と反駁〈新装版〉——科学的知識の発展』K. R. ポパー著、藤本隆志、石垣壽郎、森博訳、法政大学出版局、2009年)

33. 以下を参照。Markus Gabriel, *Moral Progress in Dark Times*. 以下も参照。Marcel Fratzscher, *Die neue Aufklärung. Wirtschaft und Gesellschaft nach der Corona-Krise* (Berlin: Berlin Verlag, 2020).

34. 以下を参照。Margaret Levi and Henry Farrell (eds.), "Creating a New Moral Political Economy", *Daedalus. Journal of the American Academy of Arts & Sciences,* Vol. 152, No. 1, Winter 2023.

35. Thomas Hobbes, *Leviathan, Revised Student Edition,* ed. Richard Tuck (Cambridge: Cambridge University Press, 1996), 90.(『リヴァイアサン』上・下、トマス・ホッブズ著、加藤節訳、筑摩書房、2022年)。有名な「万人の万人に対する闘争(bellum omnium contra omnes)」という表現はホッブズが1642年に出版した*De Cive*(『市民論』トマス・ホッブズ著、本田裕志訳、京都大学学術出版会、2008年)への前書きから来ている。

36. Kate Raworth, *Doughnut Economics: Seven Ways to Think Like a 21st-Century Economist* (White River Junction, VT: Chelsea Green Publishing, 2017), 286.（『ドーナツ経済』ケイト・ラワース著、黒輪篤嗣訳、河出書房新社、2021年）
37. 最近の歴史については以下を参照。Nancy Fraser and Rahel Jaeggi, *Capitalism: A Conversation in Critical Theory* (Cambridge: Polity Press, 2018).
38. 近代についてのそのような楽観的見解の一例として以下を参照。Steven Pinker, *Enlightenment Now: The Case for Reason, Science, Humanism, and Progress* (New York: Viking, 2018).（『21世紀の啓蒙——理性、科学、ヒューマニズム、進歩』上・下スティーブン・ピンカー著、橘明美、坂田雪子訳、草思社、2023年）
39. Adam Smith, *The Theory of Moral Sentiments* (London: Penguin Books, 2009), part I, sec. I, ch. I-II.（『道徳感情論』アダム・スミス著、村井章子、北川知子訳、日経ＢＰ社、2013年）。スミスに触発されたリサ・ヘルツォグの以下２冊の著書も参照。Lisa Herzog, *Inventing the Market. Smith, Hegel, and Political Theory* (Oxford: Oxford University Press, 2013)；*Reclaiming the System. Moral Responsibility, Divided Labour, and the Role of Organizations in Society* (Oxford: Oxford University Press, 2018).
40. Adam Smith, *The Wealth of Nations* (New York: The Modern Library, 2000), 485 (book IV, ch. II).（『国富論——国の豊かさの本質と原因についての研究』上・中・下、アダム・スミス著、山岡洋一訳、日本経済新聞出版、2023年）
41. 社会物理学という概念については以下を参照。Alex Pentland, *Social Physics: How Good Ideas Spread—The Lessons from a New Science* (London: Penguin, 2014).（『ソーシャル物理学——「良いアイデアはいかに広がるか」の新しい科学』アレックス・ペントランド著、小林啓倫訳、草思社、2015年）
42. 進化を「相互扶助」の一形態ととらえる考え方については、以下の古典的考察を参照。Peter Kropotkin, *Mutual Aid: A Factor of*

Evolution (New York: McClure Philiips & Co., 1902).（〈新装〉増補修訂版　『相互扶助論』ピョートル・クロポトキン著、大杉栄訳、同時代社、2017年）

43. Friedman, *Capitalism and Freedom*, and Friedrich August Hayek, *The Road to Serfdom* (London: Routledge, 2001).

44. 合理性を自己利益最大化と同一視し、後者を実際の行動と同一視することが、説明として概念的に破綻していることを端的に述べている資料として以下を参照。Amartya Sen, *On Ethics and Economics* (Malden, MA: Blackwell, 1987), p. 16.（『経済学と倫理学――アマルティア・セン講義』アマルティア・セン著、徳永澄憲、松本保美、青山治城訳、筑摩書房、2016年）。「自己利益最大化を合理性と同一視し、それから実際の行動を合理的行動と同一視するという複雑な手続きは、その最終的意図が経済理論における「実際の」行動を定義するなかで自己利益最大化という仮定に合理的根拠を提供することならば、完全に逆効果であるように思われる。経済理論の標準的行動仮説（つまり「実際の」自己利益最大化）を守るため、合理性の要請を使って戦いに挑もうとするのは、足の悪いロバに乗って騎兵隊を率いるようなものである」

45. Jakob Johann von Uexküll, *Umwelt und Innenwelt der Tiere* (Berlin/Heidelberg: Springer Verlag, 2014).（『動物の環境と内的世界』ヤーコプ・フォン・ユクスキュル著、前野佳彦訳、みすず書房、2012年）

46. 以下を参照。Mayer, *Capitalism and Crises.*「資本主義は生産手段とその営利目的の使用の私的所有を前提とするシステムであり、所有権は資産に関する様々な権利を束ね、その権利者に強力な権威を付与する」（p.115）。メイヤーはこれを自らの斬新な見解と対比する。「資本主義とは、人間や地球に問題を引き起こすことによって利益を得ない民間および公的な所有者が、人間と地球にかかわる問題に収益性のある解決策を生み出す経済および社会システムである。この文脈において所有権とは単な

る権利の束ではなく、こうした目的を実現する一連の義務と責任である。そして企業は単なる契約上の結びつきではなく、取締役会が設定した原則や価値観に基づく信頼関係による結びつきである」（p.143）

47. Debra Satz, *Why Some Things Should Not Be for Sale: The Moral Limits of Markets* (Oxford: Oxford University Press, 2010), 26.

48. Satz, *Why Some Things Should Not Be for Sale*, 26f.

49. John Rawls, *Justice as Fairness: A Restatement* (Cambridge, MA: Belknapp Press, 2001).（『公正としての正義　再説』ジョン・ロールズ著、エリン・ケリー編、田中成明、亀本洋、平井亮輔訳、岩波書店、2020年）。私的所有権が意味を持つ枠組みにおける二階の公的制度の立ち位置については以下を参照。Elinor Ostrom, *Governing the Commons: The Evolution of Institutions for Collective Action* (Cambridge: Cambridge University Press, 2012), 15.（『コモンズのガバナンス――人びとの協働と制度の進化』エリノア・オストロム著、原田禎夫、齋藤暖生、嶋田大作訳、晃洋書房、2022年）「競争市場（私的機関の最たるもの）もそれ自体、公共財である。ひとたび競争市場が提供されれば、個人は市場を提供・維持するコストに貢献しているか否かにかかわらず、自由に参加や退出ができるようになる。背後に公的機関の支えなしに、長期にわたって存続できる市場はない。場の設定において公的および私的機関は別々の世界に存在するのではなく、頻繁にからみ合い、依存しあう」

50. Mayer, *Capitalism and Crises*, p,259-261.

51. Mayer, *Capitalism and Crises*, p.xvi.

52. Mayer, *Capitalism and Crises*, p.74.

53. 余談になるが、カントはこのような選好の個性によって、人は彼の考える意味での「徹底的に邪悪」な存在になると考えていた。

54. Frans de Waal, *The Age of Empathy: Nature's Lessons for a Kinder Society* (New York: Crown, 2010).（『共感の時代へ――動

物行動学が教えてくれること』フランス・ドゥ・ヴァール著、柴田裕之訳、紀伊國屋書店、2010年)、*Primates and Philosophers: How Morality Evolved* (Princeton, New Jersey: Princeton University Press, 2006). 以下も参照。Michael Tomasello, *Why We Cooperate* (Cambridge, MA: MIT Press, 2009)、*A Natural History of Human Morality* (Cambridge, MA: Harvard University Press, 2016). (『ヒトはなぜ協力するのか』マイケル・トマセロ著、橋彌和秀訳、勁草書房、2013年、『道徳の自然誌』マイケル・トマセロ著、中尾央訳、勁草書房、2020年)

55. このカント的主張をあまり形而上学的にならずに行っている優れた文献として以下を参照。Thomas Nagel, *The Possibility of Altruism* (Princeton, New Jersey: Princeton University Press, 1979).

56. Gabriel, *Moral Progress*, 9, 83.

57. 2023年1月には中国で発生した途方もないコロナ流行の波にどう対処すべきかが議論されている。これは中国が最も効果的なワクチンを全国民に配布することのできない立場にありながら疫学的戦略を転換した結果である。ただ、言うまでもなく、アフリカのほとんどの地域では一度も有効なワクチンが配布されなかったという(ヨーロッパやアメリカにおいて)看過されている事実がある。しかもワクチン生産と配布の倫理学はそれで終わらない。この方程式には反ワクチン運動や、現実にワクチンが引き起こした損害も加える必要があるからだ。なにより、道徳的に正しいワクチン戦略(唯一の正解があるとすればだが)にたどり着くために考慮すべき道徳以外の医学的事実や政治的事実をすべて把握している者は一人もいない。

58. Lima de Miranda and Snower, "Recoupling Economic and Social Prosperity."

59. Gabriel et al., *Towards a New Enlightenment. The Case for Future-Oriented Humanities.*

60. Markus Gabriel, *Fiktionen* (Frankfurt am Main: Suhrkamp,

2021), part 3.

61. Susan Wolf, *Meaning in Life and Why It Matters* (Princeton, New Jersey: Princeton University Press, 2012) and Markus Gabriel, *Der Mensch als Tier: Warum wir trotzdem nicht in die Natur passen* (Berlin: Ullstein, 2022).

62. Cecilia Heyes, *Cognitive Gadgets: The Cultural Evolution of Thinking* (Cambridge, MA: Harvard University Press, 2018).

63. Lucy O'Brien, *Self-Knowing Agents* (Oxford: Oxford University Press, 2010).

64. Gabriel, *Fiktionen*, part 3.

65. この土台となる存在論については以下を参照。Markus Gabriel, *Fields of Sense: A New Realist Ontology* (Edinburg: Edinburg University Press, 2015).

66. たとえばハーバーマスの典型的主張として以下を参照。Jürgen Habermas, *Truth and Justification*, trans. Barbara Fultner (Cambridge, MA: The MIT Press, 2003).（『真理と正当化――哲学論文集』ユルゲン・ハーバーマス著、三島憲一、大竹弘二、木前利秋、鈴木直訳、法政大学出版局、2016年）

67. Lionel Robbins, *An Essay on the Nature and Significance of Economic Science* (London: Macmillan and Co., 1935), 16.（『経済学の本質と意義』ライオネル・ロビンズ著、小峯敦、大槻忠史訳、京都大学学術出版会、2016年）

68. Robbins, *An Essay on the Nature and Significance of Economic Science*, 15.（『経済学の本質と意義』）

69. この有名な発言は、正確にはサルトルの戯曲『出口なし』の登場人物の一人が口にしたものであり、サルトル自身による哲学的命題ではない。とはいえサルトルの自己決定に関する唯我論的アプローチは正当な批判を受けてきた。そうした批判の一つで、他者について異なる機能を提唱している資料として以下を参照。Simone de Beauvoir, *The Ethics of Ambiguity*, trans. Bernard Frechtman (New York: Philosophical Library/Open Road, 2015).

70. 以下を参照。Niklas Luhmann, *Theory of Society Vol. 1-2*, trans. Rhodes Barrett (Redwood City, CA: Stanford University Press, 2012-2013), Andreas Reckwitz and Hartmut Rosa, *Spätmoderne in der Krise: Was leistet der Gesellschaftstheorie?* (Frankfurt am Main: Surhkamp, 2021), and Alexandra Schauer, *Mensch ohne Welt: Eine Soziologie spätmoderne Vergesellschaftung* (Frankfurt am Main: Suhrkamp, 2023).

71. 多様性やアイデンティティ・ポリティクスに関するメディアの議論がステレオタイプを生んでいるという批判は以下を参照。Gabriel, *Moral Progress in Dark Times*, chapter 3.

72. Yochai Benkler, *The Penguin and the Leviathan: How Cooperation Triumphs over Self-Interest* (New York: Crown, 2011), 20.（『協力がつくる社会——ペンギンとリヴァイアサン』ヨハイ・ベンクラー著、山形浩生訳、NTT出版、2013年）

73. Benkler, *The Penguin and the Leviathan*, 57.『協力がつくる社会』

74. Benkler, *The Penguin and the Leviathan*, 59.『協力がつくる社会』

75. Markus Gabriel, *The Limits of Epistemology*, trans. Alex Englander (Cambridge: Polity Press, 2020).

76. Judith Butler, *Gender Trouble: Feminism and the Subversion of Identity* (London: Routledge, 2006).（『ジェンダー・トラブル　新装版——フェミニズムとアイデンティティの攪乱』ジュディス・バトラー著、竹村和子訳、青土社、2018年）、John R. Searle, *The Construction of Social Reality* (New York: Free Press, 1997).

77. George Edward Moore, *Principia Ethica* (Cambridge: Cambridge University Press, 1959).

78. Les recontres de Papotin, 7 janvier 2023: https://www.france.tv/france-2/les-rencontres-du-papotin/4452859-emission-du-samedi-7-janvier-2023.html.

79. Corine Pelluchon, *Les Lumières à l'âge du vivant* (Paris: Seuil,

2021)

80. 以下を参照。Adir Ophir, *The Orders of Evil: Towards an Ontology of Morals* (New York: Zone Books, 2005).

81. Kant, *Critique of Practical Reason*, 87-118 / 5:107-5:148.

82. フレーフェルト自身も倫理と経済学の関係性について、次のような考察をしている。Ute Frevert (ed.), *Moral Economies* (Göttingen: Vandenhoeck & Ruprecht, 2019) . 以下も参照。*Kapitalismus, Märkte und Moral* (Wien/Salzburg, 2019).

83. Federica Carugati and Margaret Levi, *A Moral Political Economy: Past, Present, and Future* (Cambridge: Cambridge University Press, 2021).

84. 中島隆博『Human Co-becoming 超スマート社会を支える人間観の再定義』(https://www.hitachihyoron.com/jp/column/ei/vol07/index.html). 以下の著書も参照。『危機の時代の哲学——想像力のディスクール』東京大学出版会、2021年。

85. この概念については以下を参照。Reckwitz and Rosa, *Spätmoderne in der Krise* (Frankfurt am Main: Surhkamp, 2021).

86. Charles Taylor, "Self-Interpreting Animals" in *Philosophical Papers, Volume 1: Human Agency and Language* (Cambridge: Cambridge University Press, 2012), 45-76.

87. John Stuart Mill, *Principles of Political Economy, With Some of Their Applications to Social Philosophy. Abridged*, ed. Stephen Nathanson (Indianapolis/Cambridge: Hackett, 2004), 191 (book IV, chapter VI).（『経済学原理』ジョン・スチュアト・ミル著、戸田正雄訳、春秋社、1939年）

88. Mill, *Principles of Political Economy*, 190.（『経済学原理』）

89. Karl Popper, *The Open Society and its Enemies* (London: Routledge, 2011).（『開かれた社会とその敵』第一巻［上・下］、第二巻［上・下］、カール・ポパー著、小河原誠訳、岩波書店、2023年）

90. 道徳的実在論については以下を参照。Paul Bloomfield and

David Copp (eds.), *Oxford Handbook of Moral Realism* (Oxford: Oxford University Press, 2023).

91. 以下を参照。Max Weber, "The meaning of 'value freedom' in the sociological and economic sciences" in *Max Weber: Collected Methodological Writings*, eds. Hans Henrik Bruun and Sam Whimster, trans. Sam Whimster (London: Routledge, 2012), 304-334. もう1つ有名な論考として以下を参照。"Science as a Profession and Vocation" in *Collected Methodological Writings*, 335-353.

92. 私が本書の第一稿を書き上げたのは、2023年10月のハマスによるテロ攻撃からほんの数週間後だった。そのころ私は11月20日にエルサレムのヴァン・リア・インスティテュートで、イスラエルにおける自由民主主義の危機について講演する予定があり、準備を進めていた（当然ながら講演は延期された）。準備の一環としてイスラエルのリベラルな友人や同僚の研究者たちの話を聞き、彼らの視点から政治情勢を理解しようとした。その後、状況は一段と深刻化し、イスラエル政権内の非リベラル派、極右勢力までがテロ攻撃への軍事対応の実行に大きな影響を及ぼすようになった。それが多くの問題のある、許容できない悪行につながり、それらは当然ながら世界中の政府や批判勢力、さらに多くのイスラエル国民からも厳しい批判を受けてきた。12月以降の戦争の状況から、イスラエル国防軍が人質解放とハマス殲滅《せんめつ》を目指す悲劇的な軍事行動のなかであまりに多くの過ちを犯したことが明白になったのを踏まえて、私は原稿を修正することを決めた。さらに日本で対話の相手となっている方々から、どういうわけか私がガザ地区での民間人に対する暴力を間接的に正当化できるものとして支持しているという重大な誤解を受けたために、この注を追加することにした。戦争における民間人への暴力は、それがなんらかの「正しい」全体目標に資するか否かにかかわらず、「道徳的に」正当化されることは決してない。それにもかかわらず、戦争に勝つために民間人を道

具として使うという判断は、常に戦争において行われてきた。正しい目標のために戦う陣営でさえ、それは変わらない。これは戦争の悲劇の一部であり、それを倫理的に正当化する理由や解決策は存在しないし、また存在しえない。

93. このくだりはコリン・メイヤーの著書の草稿を読ませてもらい、メイヤーと個人的に議論した内容に基づいている。「真の利益」の概念については、ブリティッシュ・アカデミーが主宰したプログラムの最終報告書にメイヤーが寄せたコメントも参照。https://www.thebritishacademy.ac.uk/documents/4257/JBA-10s5-01-Mayer.pdf

94. Kant, *Critique of Practical Reason*, 100 / 5:124.（『実践理性批判——倫理の形而上学の基礎づけ』カント著、熊野純彦訳、作品社、2013年）

95. Kant, *Critique of Practical Reason*, 99 / 5:122.

96. Transforming Our World: The 2030 Agenda for Sustainable Development (A/Res/70/1): https://sustainabledevelopment.un.org/content/documents/21252030%20Agenda%20for%20Sustainable%20Development%20web.pdf.

97. Christine Korsgaard, *Fellow Creatures: Our Obligations to the Other Animals* (Oxford: Oxford University Press, 2018). コースガードの反実在論的見解への私の批判は以下を参照。Gabriel, *Der Mensch als Tier*.

98. James E. Lovelock and Lynn Margulis, “Atmospheric Homeostasis by and for the Biosphere: The Gaia Hypothesis,” *Tellus*, Vol. 26, No. 1-2, 1974. 以下も参照。Bruce Clarke and Sébastian Dutreuil (eds.), *Writing Gaia: The Correspondence of James Lovelock and Lynn Margulis* (Cambridge: Cambridge University Press, 2022).

99. Bruno Latour, *Facing Gaia: Eight Lectures on the New Climatic Regime* (Cambridge: Polity Press, 2017).（『ガイアに向き合う——新気候体制を生きるための八つのレクチャー』ブルーノ・ラ

トゥール著、川村久美子訳、新評論、2023年）

100. https://sdgs.un.org/goals/goal8.

101. Aristotle, “On Generation and Corruption” in *The Complete Works of Aristotle, Volume 1: The Revised Oxford Translation*, ed. Jonathan Barnes (Princeton, New Jersey: Princeton University Press, 1985), 319b32-320a2:.（『生成と消滅について』アリストテレス著、池田康男訳、京都大学学術出版会、2012年）「一方から他方への変化が『量的』である場合、それは成長と減少だ。（中略）その変化が性質に関するもの、すなわち『質的』である場合、それは変化である」。以下も参照。Richard Kraut, *The Quality of Life: Aristotle Revised* (Oxford: Oxford University Press, 2021).

102. John Kay, *Why Firms Succeed: Choosing Markets and Challenging Competitors to Add Value* (Oxford: Oxford University Press, 1996), 、および*The Business of Economics* (Oxford: Oxford University Press, 1997). 直近の著作である以下も参照。Paul Collier and John Kay, *Greed is Dead: Politics After Individualism* (London: Allen Lane, 2020).（『強欲資本主義は死んだ――個人主義からコミュニティの時代へ』ポール・コリアー、ジョン・ケイ著、池本幸生、栗林寛幸訳、勁草書房、2023年）

103. Nancy Fraser, *Cannibal Capitalism: How Our System Is Devouring Democracy, Care, and the Planet—and What We Can Do about It* (London: Verso, 2022), xv.（『資本主義は私たちをなぜ幸せにしないのか』ナンシー・フレイザー著、江口泰子訳、筑摩書房、2023年）

104. Fraser, *Cannibal Capitalism*, 19.（『資本主義は私たちをなぜ幸せにしないのか』）

105. Fraser, *Cannibal Capitalism*, 18.（『資本主義は私たちをなぜ幸せにしないのか』）

106. Fraser, *Cannibal Capitalism*, xv.（『資本主義は私たちをなぜ幸せにしないのか』）

107. https://openai.com.

108. 無給のデジタル労働という概念については以下を参照。Christian Fuchs, *Digital Labour and Karl Marx* (London: Routledge, 2014).

109. Max Horkheimer and Theodor W. Adorno, *Dialectic of Enlightenment: Philosophical Fragments, trans. Edmund Jephcott* (Redwood City, CA: Stanford University Press, 2007).（『啓蒙の弁証法——哲学的断想』ホルクハイマー、アドルノ著、徳永恂訳、岩波書店、2007年）

110. この点についてはビクトール・ヴァイスブロットとの議論に感謝する。アドルノとホルクハイマーを必ずしも、啓蒙主義を「植民地主義的」「抑圧的」あるいは「帝国主義的」とする最近の批判者の先駆者として読む必要はないと正しく主張した。そして私に対し、アドルノとホルクハイマーは多くの文章で（特に顕著なのは*Dialectic of Enlightenment*, xvi-xviii『啓蒙の弁証法』）啓蒙主義思考を自己破壊から守りたいと主張していることを教えてくれた。

111. Michael J. Sandel, *What Money Can't Buy: The Moral Limits of Markets* (New York: Farrar, Straus and Giroux, 2012).（『それをお金で買いますか——市場主義の限界』マイケル・サンデル著、鬼澤忍訳、早川書房、2014年）

112. Gabriel, *Moral Progress in Dark Times.*

113. Michael J. Sandel, *What Money Can't Buy.*（『それをお金で買いますか』）

114. ネーゲルの近著を参照。Thomas Nagel, *Moral Feelings, Moral Reality, and Moral Progress* (Oxford: Oxford University Press, 2023).

115. 以下の私の論考を参照（現在はドイツ語のみ）。Markus Gabriel, *Liebe Kinder oder Zukunft als Quelle der Verantwortung* (Munich: Kjona, 2023).

116. ハーバーマスの最高傑作を参照。*Between Facts and Norms:*

Contributions to a Discourse Theory of Law and Democracy, trans. William Rehg (Cambridge, MA: The MIT Press, 1998).

117. Alison Gopnik, *The Philosophical Baby: What Children's Minds Tell Us About Truth, Love, and the Meaning of Life* (New York: Picador, 2010).（『哲学する赤ちゃん』アリソン・ゴプニック著、青木玲訳、亜紀書房、2010年）

118. Jean Baudrillard, *The Consumer Society: Myths and Structures* (London: Sage, 1998).（『消費社会の神話と構造（新装版）』ジャン・ボードリヤール著、今村仁司、塚原史訳、紀伊國屋書店、2015年）

119. Baudrillard, *The Consumer Society*, chapter 3.（『消費社会の神話と構造』）

120. Baudrillard, *The Consumer Society*, 39.（『消費社会の神話と構造』）

121. Markus Gabriel, "We Need a Metaphysical Pandemic" in *In the Realm of Corona Normativities: A Momentary Snapshot of a Dynamic Discourse*, ed. Werner Gephart (Frankfurt am Main: Vittorio Klostermann, 2020), 71-74. 以下も参照。Gabriel, *Moral Progress in Dark Times*, 220-222.

122. 以下を参照。Jean Baudrillard, *Simulacra and Simulation,* trans. Sheila Faria Glaser (Ann Arbor: The University of Michigan Press, 1994)（『シミュラークルとシミュレーション』ジャン・ボードリヤール著、竹原あき子訳、法政大学出版局、2008年）。ボードリヤールは人間生活の生産と再生の純粋にバーチャルな様式とされる幻想構造を検証し、その社会経済的な実践を批判した。ただ最近は一部の哲学者が私たちはバーチャルライフに移行すべきで、「メタ生活」は今の生活と比べて決して劣ってはいないと主張しはじめている。この点については以下を参照。David Chalmers, *Reality+: Virtual Worlds and the Problems of Philosophy* (New York: Norton & Company, 2022).（『リアリティ+——バーチャル世界をめぐる哲学の挑戦』（上

・下、デイヴィッド・J・チャーマーズ著、高橋則明訳、NHK出版、2023年）
123. 以下の議論を参照。Susan Schneider, *Artificial You: AI and the Future of Your Life* (Princeton: Princeton University Press, 2019).
124. 以下を参照。Avram Alpert, *The Good-Enough Life* (Princeton: Princeton University Press, 2022). 以下も参照。*A Partial Enlightenment: What Modern Literature and Buddhism Can Teach Us About Living Well without Perfection* (New York: Columbia University Press, 2021).
125. John Stuart Mill, "On the Definition and Method of Political Economy" in *The Philosophy of Economics: An Anthology*, ed. Daniel Hausman (Cambridge: Cambridge University Press, 2012), 41-58. この発言自体はp.45にある。
126. Markus Gabriel, *Neo-Existentialism: How to Conceive of the Human Mind After Naturalism's Failure* (Cambridge: Polity Press, 2018).（『新実存主義』マルクス・ガブリエル著、廣瀬覚訳、岩波書店、2020年）
127. 詳しくは以下を参照。Markus Gabriel, *The Meaning of Thought* (Cambridge: Polity Press 2020).
128. この領域のさまざまな側面についての入門書として以下を参照。Stuart J. Russell and Peter Norvig, *Artificial Intelligence: A Modern Approach. Global Edition* (London: Pearson, 2016).（『エージェントアプローチ 人工知能　第２版』古川康一監訳、共立出版、2008年）
129. John Haugeland, *Giving a Damn: Essays in Dialogue with John Haugeland*, eds. Zed Adams and Jacob Browning (Cambridge, MA: MIT Press, 2016).
130. Alan M. Turing, "Computing Machinery and Intelligence," *Mind*, Vol. 59, October 1950, 433-460.
131. Chris Miller, *Chip War: The Fight for the World's Most Critical Technology* (New York: Scribner, 2022).（『半導体戦争——世界最

重要テクノロジーをめぐる国家間の攻防』クリス・ミラー著、千葉敏生訳、ダイヤモンド社、2023年）

132. 1947年11月11日に英下院で行われた有名なスピーチより。全文は以下で参照。https://api.parliament.uk/historic-hansard/commons/1947/nov/11/parliament-bill#S5CV0444P0_19471111_HOC_292.

監修者略歴

斎藤幸平（さいとう・こうへい）

1987年生まれ。経済思想家。東京大学大学院総合文化研究科・教養学部准教授。著書に『ゼロからの『資本論』』、『人新世の「資本論」』など。監訳書にガブリエル＆ジジェク『神話・狂気・哄笑』（共監訳）。

訳者略歴

土方奈美（ひじかた・なみ）

翻訳家。日本経済新聞記者を経て独立。訳書にファデル『BUILD』、スローマン＆ファーンバック『知ってるつもり』（以上早川書房刊）、アイザックソン『レオナルド・ダ・ヴィンチ』など多数。

著者略歴

1980年ドイツ生まれ。哲学者。2000年以上の伝統を誇るボン大学の哲学科正教授に史上最年少の29歳で就任。西洋哲学の伝統に根ざしつつ、「新実在論」を提唱し世界的に注目される。スタンフォード大学人文科学センター国際客員研究員などを兼任。NHK Eテレ「欲望の時代の哲学」などテレビ番組にも多数出演する。『なぜ世界は存在しないのか』『「私」は脳ではない』『新実存主義』ほか著書多数。本書は著者初の日本書き下ろし。

ハヤカワ新書 028

倫理《りんり》資《し》本主義《ほんしゅぎ》の時代《じだい》

二〇二四年六月二十日　初版印刷
二〇二四年六月二十五日　初版発行

著　者　マルクス・ガブリエル
監修者　斎藤《さいとう》幸平《こうへい》
訳　者　土方《ひじかた》奈美《なみ》
発行者　早川　浩
印刷所　精文堂印刷株式会社
製本所　株式会社フォーネット社
発行所　株式会社　早川書房
東京都千代田区神田多町二ノ二
電話　〇三‐三二五二‐三一一一
振替　〇〇一六〇‐三‐四七七九九
https://www.hayakawa-online.co.jp

ISBN978-4-15-340028-3 C0210

未知への扉をひらく

「ハヤカワ新書」創刊のことば

誰しも、多かれ少なかれ好奇心と疑心を持っている。

そして、その先に在る納得が行く答えを見つけようとするのも人間の常である。それには書物を繙いて確かめるのが堅実といえよう。インターネットが普及して久しいが、紙に印字された言葉の持つ深遠さは私たちの頭脳を活性して、かつ気持ちに余裕を持たせてくれる。

「ハヤカワ新書」は、切れ味鋭い執筆者が政治、経済、教育、医学、芸術、歴史をはじめとする各分野の森羅万象を的確に捉え、生きた知識をより豊かにする読み物である。

早川 浩

科博と科学
——地球の宝を守る

篠田謙一

クラウドファンディングで
9・2億円（国内史上最高額）達成！
国立科学博物館館長がいま伝えたいこと

明治10年に創立した上野・国立科学博物館。どんな組織であり、研究員は日夜何をしているのか？　日本中が注目したクラウドファンディングの舞台裏とは？　新書大賞2023第2位『人類の起源』著者にして現・科博館長が明快に説き語る、「文化としての科学」論！

ハヤカワ新書
020

人間はどこまで家畜か

——現代人の精神構造

熊代 亨

精神科医が「自己家畜化」を
キーワードに読み解く、現代の人間疎外

清潔な都市環境、健康と生産性の徹底した管理など、人間の「自己家畜化」を促す文化的な圧力がかつてなく強まる現代。だがそれは疎外をも生み出し、そのひずみはすでに「発達障害」や「社交不安症」といった形で表れている。この先に待つのはいかなる未来か？

ハヤカワ新書
019